아무도
모르게
괜찮아지는
중입니다

아무도
모르게
괜찮아지는
중입니다

초판 1쇄 인쇄 · 2025년 4월 15일
초판 1쇄 발행 · 2025년 4월 22일

지은이 · 김유지
펴낸이 · 천정한
펴낸곳 · 도서출판 정한책방

출판등록 · 2019년 4월 10일 제446-251002019000036호
주소 · 충북 괴산군 청천면 청천10길 4
전화 · 070-7724-4005
팩스 · 02-6971-8784
블로그 · http://blog.naver.com/junghanbooks
이메일 · junghanbooks@naver.com

ISBN 979-11-991627-1-6 03810

· 책값은 뒤표지에 적혀 있습니다.
· 잘못 만든 책은 구입하신 서점에서 바꾸어 드립니다.
· 이 책의 일부 또는 전부를 재사용하려면 반드시 저작권자와 도서출판 정한책방의 동의를 얻어야 합니다.

번아웃과 불안을 마주하며 나를 찾는 지혜

아무도 모르게 괜찮아지는 중입니다

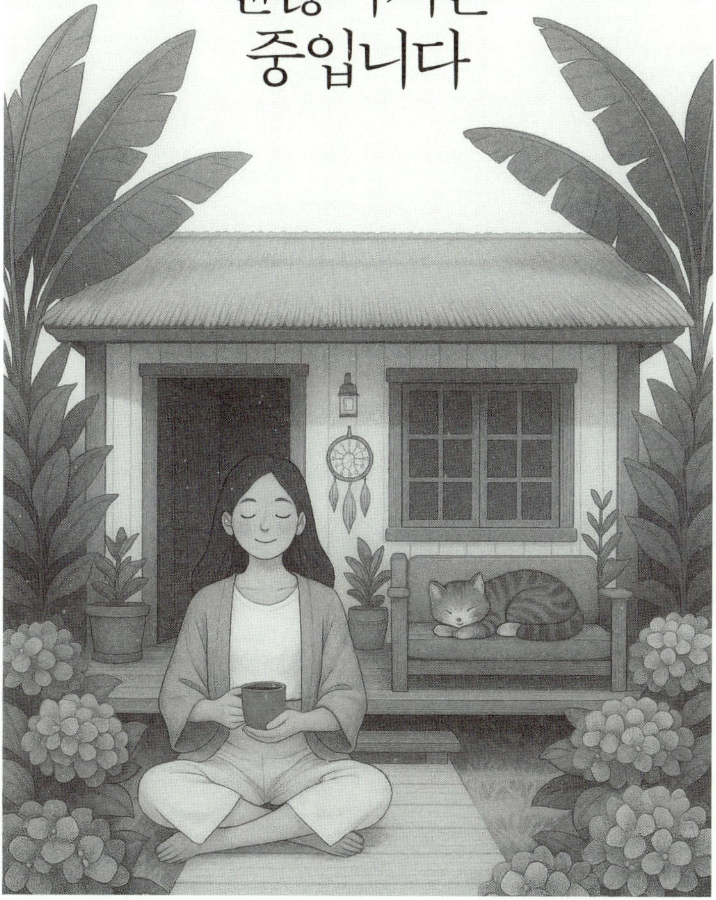

김유지 지음

정한책방

프롤로그

No Day But Today

'사람이 어떻게 하고 싶은 것만 하고 살아!'라는 말을 수없이 들었다. 나도 그저 남들처럼 버티는 것이 답이라고 생각했던 적이 있다. 하지만 결국 남은 것은 번아웃과 골병이었고 회사를 떠나고 나서야 비로소 원하는 삶을 살아갈 수 있었다. 지금은 작은 정원이 있는 시골집에서 명상 스테이를 운영하며 귀여운 고양이와 함께 평화로운 일상을 보내고 있다.

퇴사 후 몇 차례 삶의 전환점을 맞았다. 연고도 없는 시골로 귀촌한 후 공방, 카페, 숙소, 책방 등 다양한 분야에 도전하고 예술 활동을 하며 나만의 이야기를 쌓아왔다. 지금은 작은 정원이 있는 시골집에서 명상 스테이를 운영하며 귀여운 고양이와 함께 평화로운 일상을 보내고 있다. 매번 도전할 때마다 주위에서 책을 써보는 게 어떠냐고 했지만 짧은 경험으로는 그만한 통찰이 부족하다고 생각했다.

시간이 지나 어느덧 10년이 흘렀고 이제 내 이야기를 들려줄 수 있겠다는 생각이 들었다. 지금까지 나를 이끌어 준 것들과 삶의 방향을 찾아가는 여정에 관한 글이다. 직업은 단지 지나가는 정거장일 뿐, 삶의 방향에 관한 이야기를 하고 싶다.

이 책은 불안과 두려움 속에서 길을 찾고자 하는 이들에게 실질적인 방법을 제시하며, 특히 내향적인 사람들이 세상의 압박 속에서도 자신이 원하는 삶을 살아갈 수 있도록 돕고자 한다. 그리고 사회생활에 지친 직장인들과 새로운 도전 앞에서 망설이는 이들과 자신만의 길을 찾는 데 필요한 내면의 지혜를 나누고 싶다.

내 인생의 OST인 뮤지컬 〈Rent〉의 수록곡 'No Day But Today'는 유한한 삶 속에서 과거의 후회와 미래의 불확실성에 얽매이지 말고 오직 지금 이 순간을 살아가자는 메시지를 전한다. 자신이 누구인지, 어떤 삶을 원하는지 깊이 고민하며 유한한 삶 속에서 진정한 의미를 되찾으라는 뜻이다. 갈림길에 서 있는 독자에게 묻고 싶다.

'지금 당신은 어떤 삶을 살고 싶은가요?'

이 책을 손에 들었다는 것은 이미 삶을 더 나은 방향으로 선택할 준비가 되었다는 뜻이다. 오직 이 순간을 온전히 살아가자.

- 2025년 봄,

김유지

목차

004   프롤로그   No Day But Today

1부

퇴사 후 시작된
진짜 나의 삶

014   살고 싶어서 퇴사합니다
019   도시를 벗어난 초민감자
023   낚시와 어탁
028   골목길과 달콤한 수박화채
033   초보운전입니다
038   낯선 길 위에서 만난 나
047   제주를 떠난 진짜 이유
052   시골집으로 내 집 마련
057   집 수리를 하다 마비가 왔다
062   명상이 가르쳐준 삶의 방향

2부

삶을 예술로,
꿈을 현실로

070	프리마켓에서 나만의 브랜드를 만들다
075	내 방을 공방으로 바꾼 창업기
080	작은 시골 카페
085	바다와 가장 가까운 책방
089	게으른 자는 살아남을 수 없는 시골살이
094	스테이, 묵언으로 머무르다
099	제주에서 개인전을 열다
104	예술이 하고 싶어서
108	파리에 전한 한국 전통 탱화
113	불안과 함께 춤을 추기로 했다

3부

나를
선택하는 용기

120	선택하지 않으면 선택당한다
124	도망친 곳에 낙원이 없어도
129	취향의 발견
133	리틀 포레스트와 현실 사이
138	정원에 만든 숲과 연못
143	고양이와 함께하기 좋은 날
148	숲의 치유가 필요할 때
153	두 번째 화살
158	자유와 책임 사이
162	사전연명의료의향서

4부

조용한
사람들의 시대

168	작은 목소리로 울리는 공명
172	삶의 방향을 찾는 여정
176	깊이를 탐구하는 내향인
180	웃으면서 일어나는 실패의 기술
184	은둔형 관종이 세상과 소통하는 법
188	혼자 다니는 사람들
193	밤의 해변에서
197	조용히 변화를 만드는 사람들
202	출근은 사양합니다
207	세상과 연결되기
211	에필로그 그냥 하는 사람

1부

퇴사 후 시작된 진짜 나의 삶

살고 싶어서 퇴사합니다

—

하루하루 버티던 나는
두 번 시골로 도망쳤다

"셋! 둘! 하나! 희망찬 새해가 밝았습니다!"

제야의 종소리가 울릴 때 사무실에서 홀로 철야를 하고 있었다. 끝없는 과로로 몸은 한계에 다다랐고 갑자기 시야가 하얗게 변하며 모든 것이 흐릿해졌다. 극심한 스트레스를 받으면 뇌는 생존을 위해 일시적으로 시각을 차단한다고 한다. 이대로라면 내일 아침 책상에 쓰러진 채 발견될지도 모르는 일이었다.

첫 직장이었던 영화광고 회사에서 3년을 버티는 동안 동료들은 하나둘씩 회사를 떠나갔다. 밥을 먹다가도 일을 처리하러 뛰어갔고 아파도 수액을 맞고 야근을 해야 했다. 서로 먼저 업무를 처리해 달라는 아우성에 메신저는 쉴 새 없이 깜빡였고 힘들다는 생각을 할 시간조차 없었다. 온종일 영혼까지 탈탈 털어 일하고 새벽녘 껍데기만 남은 몸을 택시 안에 구겨 넣을 때마다 살아간다는 게 고단하다고 느꼈다. 나는 이 일을 재미있는 지옥이라 불렀다.

그러다 번아웃이 왔다. 주변 사람들에게 내 또래였을 때 무엇을 하고 있었는지 물어보면 대답은 항상 비슷했다. 취업했거나 군대를 다녀와 복학했거나. 그 순간 문득 다른 길이 필요하다는 생각이 들었다.

'그렇다면 나는 다르게 살아봐야지.'

엔딩크레딧의 가장 마지막에 이름을 올리는 것도 의미 있었지만, 주인공이든 조연이든, 행인 1이든 내 삶의 시나리오는 스스로 써 내려가고 싶었다. 그렇게 사직서를 냈다.

백수가 되면서 고정적으로 들어오던 월급이 사라진다는 두려움이 있었지만, 곧 새로운 시작에 대한 기대감으로 바뀌었다. 제주로 떠나는 것은 사실 계획에 없었다. 원래 뉴질랜드 워킹홀리데이를 가려고 했는데 매일 철야를 하느라 비자 발급을 받지 못했고 다른 선택지를 찾아야만 했다.

마침 여행 중 들렀던 게스트하우스에서 스태프로 일하면 숙식을 제공해 주겠다는 제안을 했다. 그 말에 이끌려 여름옷 한 상자만 챙긴 채 제주로 떠났다. 바닷가 게스트하우스의 작은 해변과 시원한 바람은 해방감을 안겨주었고 아무도 나를 아는 사람이 없는 이곳에서 새롭게 시작하겠다 마음먹었다.

회사에서는 시간을 분 단위로 쪼개 쓰며 목표와 성과에 매달렸지만, 이곳에서는 하루하루가 자유로웠다. 아침에 일어나 객실 청소를 마친 후 점심을 먹고 오후에는 산책하거나 수영을 즐겼다. 저녁에는 바비큐 파티가 끝나면 캔맥주를 들고 방파제에 앉아 루어낚시를 했다. 게스트들은 호기심 어린 눈빛으로 어떻게 제주에서 살게 되었는지 묻곤 했는데 내 대답은 늘 같았다.

"살고 싶어서 왔어요."

삶의 전환점에서 고민을 안고 떠나온 사람들과 이야기를 나누며 많은 생각을 들을 수 있었다. 게스트하우스 생활은 낭만적이지만은 않았는데 당시에는 스태프로 일해도 무급이거나 소소한 여행 경비 정도를 받았을 뿐 사실상 수입이 없는 상태나 마찬가지였다. 결국 새로운 일을 찾아야 했다.

전공을 살려 문화예술교육 사업에 강사로 참여하게 되었다. 마을 아이들과 함께한 마을신문 만들기 프로젝트는 우수 사례로 선정되어 방송에 출연하기도 했다. 동시에 미술 심리치료를 공부하며 마음을 돌보는 시간을 가졌다. 여기서 토박이 지인들을 만나며 따뜻함을 느꼈던 경험으로 즐거운 제주 생활을 할 수 있었다.

그러나 일 년이 지나면서 모아둔 돈은 바닥이 났고 서울 본가로 돌아와 다시는 돌아가지 않을 것 같았던 광고 업계로 복귀했다.

2014년 봄 평범한 아침이었다. 그러나 뉴스 화면 하나가 온 국민의 일상을 멈추게 했다. 그날 지하철 퇴근길은 유난히 길고 무겁게 느껴졌다. 집까지 두 정거장을 남긴 순간 갑자기 숨이 가빠지고 손발이 저리기 시작했다. 무력감이 밀려왔고 통제할 수 없는 감정과 신체 반응에 휩싸이며 쓰러질 것 같았다. 출입문이 열리자마자 플랫폼으로 뛰쳐나가 차가운 의자에 털썩 주저앉았다. 공황발작이었다.

얼마 뒤 회사에서 대표님이 면담을 요청했다. 문을 열자 낯선 공간에서 묵직한 공기가 감돌았다. 어색한 인사를 나누고 잠시 정적이 흐른 후 대표님은 무겁게 입을 열었다.

"지금 회사가 어려운 상황인데 다른 계열사로 자리를 옮기는 건 어떨까?"

일이 줄고 있었기에 이미 체감하고 있었다. 그 순간에도 마음 한 구석에는 책임감이 남아 있었지만, 책상만 옮긴다고 해서 상황이 나아질 것 같지 않았다.

"대표님, 고민 많으셨을 텐데…. 저도 회사에 부담을 드리고 싶지 않습니다. 퇴사하겠습니다."

　다시 백수가 되자 허탈함과 해방감이 동시에 밀려왔다. 얼마 지나지 않아 회사는 문을 닫았다. 재취업을 해야 할지, 새로운 선택을 할지 갈림길에서 서 있던 중 다시 제주로 향하기로 했다. 이번에는 달랐다. 마음을 깊이 들여다보며 삶을 설계할 여유가 생겼기 때문이다.

　제주에는 살암시믄 살아진다는 말이 있다. 살아 있으면 어떻게든 살아진다는, 단순해 보이지만 깊은 의미처럼 그 어떤 어려움 속에서도 살아갈 수 있다는 믿음을 가지고 진짜 원하는 삶을 찾아 나섰다.

도시를 벗어난 초민감자

예민함은 세상에 대한
깊은 반응이었다

평소 예민한 이유를 명확히 설명할 수 없었다. 시계의 초침 소리조차 신경 쓰이고 영화 한 편을 보면 감정에 깊이 빠져들곤 했다. 사람들로 붐비는 식당에서 식기 부딪히는 소리, 말소리, 테이블을 정리하는 소리까지 모든 것이 자극적으로 느껴졌다.

보통 사람들에게는 그저 일상적인 소음이었겠지만 나는 견디기 어려워 결국 식사를 다 마치지 못하고 자리에서 일어선 적이 몇 번 있다.

초민감자 Highly Sensitive Person, HSP라는 말을 처음 접했을 때 비로소 내 특성을 정확히 설명할 수 있게 되었다고 생각했다. 초민감자는 작은 소리나 빛의 변화, 타인의 감정에도 예민하게 반응하며 세상의 자극을 깊이 받아들이는 사람을 뜻한다. 이러한 감각은 때로 불편함을 주지만 그만큼 세상과 더욱 풍부하고 직관적으로 연결되게 한다.

자동차 경적, 사람들의 대화, 발소리 등 도시의 소음은 끊임없이 감각을 자극했다. 감각 과잉 상태에 빠져 정서적 피로가 쌓이며 더는 감당할 수 없다는 생각이 들었고 도시의 삶에서 벗어나기로 마음먹었다.

초민감자에게는 무엇보다 자신만의 공간을 마련하는 일이 중요하다. 편안한 환경을 조성하는 것이 감각을 다스리는 첫걸음이기 때문이다. 작은 변화만으로도 한결 편안해질 수 있다. 창문을 통해 들어오는 강한 자외선을 막기 위해 두꺼운 커튼을 달고 시각적으로 편안하고 따뜻한 전구 색 조명을 달았다. 부드러운 촉감의 담요도 놓았다.

온전히 나만을 위한 아늑한 공간에서 누구의 방해도 받지 않고 따뜻한 차를 마시며 책을 읽거나 좋아하는 음악을 들으면 자연스레 마음이 정리되고 여유가 생겼다.

감각을 편안하게 하려면 의식적인 노력이 필요하다. 디지털 기기에서 잠시 벗어나 자연과 교감하는 시간은 자신을 돌보는 중요한 과정이 된다. 소음과 정보의 홍수 속에서 우리는 지쳐버리기 쉽다. 스마트폰을 들여다보는 사이 릴스와 숏츠, 광고 등이 끝없이 쏟아져 나와 무의식중에 심리적 부담을 안기고 몸과 마음을 지치게 만든다. 이런 피로를 해소하고 회복하기 위해서는 디지털 디톡스가 필요하다. 잠자리에 들기 전 스마트폰을 내려놓고 가만히 호흡에 집중하는 일은 숙면에 도움이 된다.

기기에서 잠시 벗어나는 것보다 더욱 효과적인 것은 자연과 연결되는 것이다. 숲길을 거닐거나 바다의 파도를 들으며 내면의 감각을 되살리고 몸과 마음의 균형을 되찾는다. 자연은 우리에게 가장 순수한 형태의 치유를 선물한다.

풀잎 위를 느리게 기어가는 무당벌레나 시냇가를 유유히 헤엄치는 송사리를 바라보고 있으면 마음 깊은 곳에 편안함이 스며든다. 작은 움직임이 마음을 안정시키고 그 순간 모든 것이 완벽하게 느껴진다. 자연의 소리와 바람, 그리고 나무의 향기가 잃어버렸던 균형을 되찾게 해주었다.

따스한 봄날 나무 그늘에 앉아 쉬거나 가을바람에 떨어지는 낙엽 소리에 귀 기울여 본다. 자연의 흐름에 몸을 맡기면 세상의 소음은 어느새 멀어지고 마음은 깊은 고요에 잠긴다.

이렇게 자연에 익숙해지다 보니 서울에서 퇴근길 지하철을 타거나 인파가 몰린 곳을 지날 때면 정신이 산만해지기도 한다. 한 번은

지하철역을 나와 대로변에 섰는데 매캐한 매연이 코를 찌르고 목을 따갑게 했다. 도시에서 살 때는 익숙해 무심코 넘겼지만 청정한 숲에서 주로 지내다 보니 매연이 훨씬 강하게 느껴졌다.

자극이 넘치는 환경에서 살아가는 건 쉽지 않지만 이를 현명하게 다룰 수 있다면 일상은 훨씬 풍요로워진다.

초민감자로 살아가는 사람들은 해로운 자극을 줄이기 위해 일상 속에서 다양한 습관을 기른다. 하루를 시작하기 전 잠시 혼자만의 시간을 갖고 예기치 않은 상황에 과민하게 반응하는 자신을 인식한다.

자신을 돌보는 방법은 혼자만의 고요함을 찾는 데 그치지 않을 때도 있다. 일상 속 다른 사람들과의 관계에서도 자신을 지키는 법을 익혀야 한다. 타인과의 소통은 유지하되 과도한 감정 이입이나 필요 이상의 자극을 피하는 법을 배우는 것이다. 상대방을 경청하면서도 마음의 고요를 지키는 연습이 필요하다. 때로는 침묵 자체가 내면을 보호하는 강력한 방법이 되어준다.

세상은 언제나 분주하고 소란스럽지만 잠시 멈추고 고요를 찾는 순간, 비로소 원하는 삶과 마주하게 된다.

낚시와 어탁

세월을 낚는다는 건
삶의 방향을 잡는 일이다

바람 한 점 없는 잔잔한 오후 낚싯줄 끝에서 전해지는 작은 떨림에 손끝이 반응했다. 그때 물속에서 강하게 당겨지는 느낌이 전해져 릴을 감아올리니 무언가 묵직하게 끌려왔다. 40cm가 넘는 커다란 우럭이었다. 물질을 마치고 들어오던 해녀 할망들이 이 광경을 보고 깔깔 웃으며 말했다.

"아가씨가 여기 삼춘들보다 더 잘 잡네!"

낚시는 오랜 취미였다. 제주 바닷가 마을에 살게 되면서 자연스럽게 낚싯대를 다시 손에 쥐게 되었다. 맑은 날이면 물속이 훤히 들여다보이는 투명한 바다에 작은 자리 떼가 헤엄치는 모습이 보였다.

때로는 입질조차 없이 세월을 낚는 날도 있지만, 바다에서 보내는 시간은 그저 편안하기만 했다.

긴 시간 파도 소리에 마음을 맡기며 손끝에 전해지는 물고기의 미세한 움직임에 집중하다 보면 감각이 한층 섬세해진다. 그것이 낚시의 진정한 묘미다. 계절마다 어떤 물고기가 잘 잡히는지 바람이 불 때 낚싯줄이 어떻게 휘어지는지 배우면서 자연의 신호들을 알아차리게 되었다.

물고기를 잡은 날보다 기억에 남는 건 사실 아무것도 잡지 못했던 날이다. 반짝이는 윤슬을 바라보며 오래된 감정들이 시원한 바람에 씻겨 내려가는 기분을 느꼈다. 옆에 고양이들이 와서 앉아 있곤 했는데 가끔 낚시꾼들이 잡은 물고기를 몰래 물고 가기도 했다. 특히 여름밤에는 한치잡이 배들이 밤바다를 밝히며 마치 별들이 내려앉은 것처럼 아련하게 반짝였다.

한 번은 우체국에서 직원이 말을 건넸다.
"혹시… 귀덕리 포구에서 낚시하는 분 아니에요?"
그 직원은 가끔 우리 동네로 낚시를 왔는데 해 질 무렵 혼자 와서 물고기를 딱 한 마리만 잡고 가는 사람이 있어 신기해서 기억한다고 했다. 집 앞 포구에서 낚시로 벵에돔을 잡곤 했었는데 그때 나를 본

모양이다.

　명상을 시작한 이후 불필요한 살생을 하지 않기 위해 낚시는 그만 두었다. 잡은 물고기는 가끔 식탁에 오르기도 했지만, 단순히 재미를 위해 다른 생명에게 고통을 주는 일이 어느새 잔인하게 느껴졌다. 지금은 물고기를 방생하며 생명을 존중하는 마음을 배우고 있다.

　살아간다는 것은 매일 동물이나 식물, 다른 생명체의 죽음을 섭취하며 연명하는 일이다. 인간으로 태어나 지구에 해를 끼치지 않고 살 수는 없겠지만 가능한 덜 해롭게 살고 싶어졌다.

　지인과 이야기를 나누다 오래전부터 물고기 탁본을 뜨는 어탁을 배워보고 싶었다는 말을 꺼냈다. 마침 지인의 아버지가 서귀포 예술 어탁회 회원이라 소개를 받았고, 덕분에 정회원으로 가입해 어탁을 시작할 수 있었다. 낯선 환경에서 새로운 것을 배우는 일은 언제나 설렘을 안겨 주었다.

　지느러미와 물기를 정리하고 물고기에 물감을 칠하며 종이에 찍어내는 과정은 단순해 보였지만 쉽지 않았다. 물감의 농도, 붓의 터치, 종이의 배치 하나하나가 작품의 성패를 좌우했다. 무엇보다 바다와 물고기가 전하는 생명력을 그대로 옮기는 게 중요했다. 어탁은 자연과 인간이 교감하며 물고기의 생명과 흔적을 기록하는 예술이다. 선생님들의 작업 과정을 지켜보며 천천히 배워 나갔다.

"물고기의 눈을 살려야 한다."

"지느러미는 살아 있는 것처럼 표현해야 한다."

손끝에서 느껴지는 섬세함은 묵직한 가르침이었다. 탁본 작업이 하나씩 모습을 드러낼 때마다 작은 감동이 일었다. 회원은 대부분 70~80대의 할아버지들이었다. 오래전 제주의 삶이 그렇듯 바다낚시는 남자들의 영역이었다 보니 실제로 낚시 방을 운영하거나 낚싯배를 갖고 계신 선장님들이 대부분이었다.

육지에서 온 손녀뻘의 여자가 그 속에 들어가는 것은 다소 어색한 일이었다. 처음에는 인사를 해도 시선을 마주치지 않은 채 묵묵히 작업에만 집중하는 분도 있었다. 낯가림이 많아 쉽게 다가가지 못했지만, 시간이 지나며 조금씩 일원이 되어갔다. 어느 날 가장 무뚝뚝한 선생님이 먼저 말을 걸어왔다.

"한두 번 나오고 말 줄 알았더니, 열심히 하네! 잘해봐."

"선생님은 어쩜 이렇게 섬세하게 어탁을 하세요?"

"나도 초보야. 이제 10년밖에 안 됐어. 허허허."

처음으로 활짝 웃으며 이야기를 나눈 그날 이후 어탁을 뜰 때마다 자연스레 소소한 이야기가 오갔다. 어린 시절 범섬에서 놀다 떨어질 뻔했던 일이나 1980년대에 문화예술의 중심이었던 다방에서 열렸던 어탁 전시회에 대한 추억 등을 들려주셨다. 그 시절 다방은 단순히 커피를 마시는 곳이 아니라 예술가들이 모여 작품에 관한 이야기를 나누고 감상하던 문화공간이었다. 그 시대의 분위기와 사람들의 모습이 생생하게 전해졌다.

한 장의 어탁에는 바다의 시간과 인간의 흔적이 고스란히 담겨있었다. 어탁을 뜰 때마다 경건한 마음으로 작업했고 탁본이 끝난 물고기는 흙에 묻어주었다. 낚시와 예술 어탁을 하는 동안 바다의 시간을 고요히 품었다.

골목길과 달콤한 수박화채

골목길에서 잃어버린
이야기를 만나다

여름 한낮의 태양은 가만히 서 있어도 온몸에 땀이 흘렀다. 그날 우리는 지역의 이야기를 기록하는 〈Lab. 왓〉과 함께 원도심 마을의 골목을 탐험하고 오래된 흔적을 발굴하기 위해 모였다. 이 프로젝트는 장소에 얽힌 사람, 역사, 문화, 자연, 삶의 이야기를 모아 기록하고 지도와 책자 등 다양한 콘텐츠로 풀어내는 작업이었다. 오래된 골목길은 마치 시간을 거슬러 올라가는 여행 같았다. 돌담은 사람의 손길과 세월을 고스란히 품고 있었고 그 너머로 낮게 드리운 지붕과 푸릇한 나무들이 둘러싸여 있었다.

몽돌 해변 근처의 돌집은 실제 몽돌을 사용해 지은 덕분에 지역의 독특한 분위기를 더해주었다. 골목마다 할망들이 정성껏 키운 스티로폼 상추 텃밭과 꽃 화분들이 가지런히 놓여 있었으며 담장 위에는 귀여운 고양이가 그늘에 잠들어 있었다. 마을 입구에는 커다란 팽나무의 초록빛 잎사귀가 햇볕에 반짝였고 마을 어디에서든 정겨운 목욕탕의 굴뚝이 보였다.

골목길을 걷다 오래된 세탁소를 발견하고 기대와 호기심에 발걸음을 옮겼다. 유리창 너머로 보이는 가게는 세월의 흔적을 그대로 간직하고 있었고 이곳의 이야기가 궁금해졌다. 인터뷰는 사전 섭외 없이 즉흥적으로 진행되었는데 한눈에 봐도 오래된 장소임이 분명했다. 내부에는 또르르 물소리와 함께 스팀 소리가 들려왔다.

어르신은 젊은 시절 제주로 내려와 지금까지 한자리에서 40년 넘게 세탁소를 운영하셨다고 한다. 한곳에 정착하지 못하고 여기저기 떠돌아다니던 내 모습과는 대비되는 묵묵하고 진득한 인내에 존경의 마음이 절로 들었다.

인근 도로는 예전에 맑은 물이 흐르던 하천이었던 곳으로 손빨래를 했었다는 이야기를 들려주셨다. 실제로 그 장소에 가보니 도로 맨홀 뚜껑 아래로 흐르는 물소리를 들을 수 있었다. 다리가 놓였던 자리에는 표석의 흔적도 발견할 수 있었다.

다음으로 방문한 곳은 정미소였다. 멀리서 들려오는 기계음에 이

끌려 발걸음을 옮겼다. 비좁은 반지하 입구를 내려가니 커다란 목제 장비가 한쪽에 자리하고 있었다. 마치 시공간을 넘어 다른 세계로 들어온 듯한 느낌을 주었다. 오랜 세월 동안 곡식을 빻아온 모습이 고스란히 삶의 흔적을 전해주었다. 세월의 자국은 기계뿐 아니라, 수십 년 동안 마을 사람들의 삶을 키워온 이 공간에도 깊게 남아 있었다.

그다음 한 어르신의 집을 방문했다. 할머니는 반갑게 맞아주시며 부엌으로 향하셨고 잠시 후 시원한 수박화채를 들고나오셨다. 투명한 유리그릇 안에는 톡 쏘는 사이다에 수저로 퍼낸 새빨간 수박 조각들과 시원한 얼음이 동동 떠 있었다. 수박의 달콤한 과즙이 입안 가득 퍼지고 탄산이 혀끝을 톡톡 건드렸다. 어릴 적 느꼈던 정취와도 닮아 여름 한낮 더위를 단숨에 날려주는 그리운 맛이었다.

마을 사람들이 함께 모여 웃고 울던 장면을 떠올리며 이야기를 들려주셨다. 이곳 사람들이 함께 살아온 방식, 그들의 일상, 그리고 크고 작은 갈등과 웃음이 뒤섞인 일화까지 제주의 세월이 그대로 녹아 있었다. 이야기들은 오래된 사진처럼 한 장면 한 장면 생생하게 마치 그 시간 속에 함께 있는 듯한 기분이 들었다. 마을의 풍경과 사람들의 삶이 그대로 그려지며 잠시나마 세월을 함께 나누는 듯한 느낌을 받을 수 있었다.

기록을 위해 할머니에게 물었다.

"옛날에 젊었을 때는 이 동네에서 뭐 하고 노셨어요?"

"놀긴 뭘 놀아! 4·3 때 아들 죽고 젊어서 일본으로 물질하러 가고 공사판에서 막노동하고 사느라 세월 다 갔지. 지금은 이렇게 늙어서 병원이나 다니고 놀지도 못해. 나이 들면 그동안 살아온 추억을 먹고 사는데 나는 평생을 일만 했어. 지금은 세상이 얼마나 좋으냐. 좋은 거 많이 보고 여행도 많이 다니고 하고 싶은 거 하고 마음껏 살아라."

제주의 오래된 원도심을 탐험하며 이야기가 담긴 지도를 완성했다. 세탁소 어르신이 설명한 과거의 모습처럼 사라져 가는 기억을 복원하며 고유한 시간의 흐름을 새롭게 조명하는 과정이었다. 사람과 장소가 만들어낸 따스한 이야기는 마치 오래된 돌담처럼 세월 속에서도 변치 않는 가치를 품는다.

타지 사람으로서 지역의 이야기를 들으며 제주의 역사와 문화를 이해하는 데 깊은 의미를 느꼈다. 사람과 장소가 서로 연결되는 과정에서 나도 조금씩 이곳에 뿌리를 내리고 있었다. 제주의 지역적 특성과 고유한 정서를 알아갈수록 깊은 연결감으로 다가왔다.

오래되고 낡은 것들을 좋아한다. 때로는 익숙하고 정겨운 것들에서 편안함을 찾으며 그 안에서 안정감을 느낀다. 이야기는 사람에게 남았고 묵직한 세월의 흐름은 잔잔한 위안을 주었다.

각기 다른 시대와 경험이 한 마을의 역사를 이루고, 잊히던 작은 기억들이 되살아나 다음 세대에게 영감을 준다. 이야기책과 지도는 사람들에게 과거와 현재를 이어주는 다리가 되어 마을의 이야기가 계속해서 이어질 수 있도록 돕고 있다.

초보운전입니다

평생 운전을
하지 못할 줄 알았다

시골에 내려온 첫해는 주로 버스를 타고 다녔다. 프리마켓에 나가려면 무거운 짐을 양손 가득 들고 버스를 갈아타야 해서 세 시간이 넘게 걸렸는데 그때 친한 동네 언니가 나에게 말했다.

"운전을 배우면 삶의 질이 달라질 거야."

서울에서도 대중교통을 주로 이용했기에 불편함을 크게 느끼지 않을 것으로 생각했다. 그러나 시골은 도시와는 달랐다. 버스 배차 간격이 길어 외진 곳은 하루에 3대만 다니는 곳도 있었다.

도시 정류장은 의자를 따뜻하게 하는 기능도 있다는데 눈보라가 휘몰아치는 바닷가 정류장은 칼바람이 얼굴을 할퀴고 손끝을 얼어

붙게 했다. 제주도는 바람이 워낙 강해 비가 가로로 내려서 우산을 써도 소용이 없다.

차가 있으면 언제든 원하는 곳에 갈 수 있을 텐데 운전은 여전히 두려웠다. 위험하다는 생각이 머릿속에 깊숙이 박혀 있어 면허를 따는 것은 불가능하다고 생각했었다. 하지만 프리마켓에 본격적으로 나가기 시작하면서 더는 대중교통으로는 짐을 옮기기 어려웠고 결국 운전면허 시험에 도전하기로 했다.

중고차 매매센터에 가서 차를 둘러보며 설렘과 긴장이 뒤섞인 마음을 느꼈다. 오래된 SUV를 고르고 계약서에 서명하는 동안 딜러가 면허증을 달라고 했는데 아직 면허 시험을 보기 전이었다.

딜러는 당황한 표정으로 "아직 면허가 없으세요?"라고 물었고 나는 웃으며 "이제 시험 보러 갈 거예요!"라고 대답했다. 이렇게라도 하지 않으면 면허를 따지 않을 것이었기 때문이다. 다행히 필기, 기능, 도로 주행까지 한 번에 합격했고 운전면허증을 손에 쥐었다.

중고차센터에서 차량등록과 보험 가입을 마친 뒤, 차를 찾아 집으로 돌아가려 운전석에 앉는 순간 불안감이 밀려왔다. 시동을 걸자 손에 땀이 차고 심장이 빠르게 뛰기 시작했다. 새로운 경험의 문턱에 섰다는 긴장과 설렘이 뒤섞였다. '정말 이대로 도로에 나가도 되는 걸까?' 하고 걱정되었지만 마음을 다잡고 출발했다. 느리지만 무사히 집까지 도착할 수 있었다. 두렵기만 했던 운전은 막상 해보니 재미있기도 했다.

며칠 뒤 서귀포에서 예정된 개인전을 위해 그림을 싣고 함덕 해변에서 서귀포까지 운전해야 했다. 아무것도 모른 채 출발했는데 내 비게이션은 좁은 2차선 도로에서 급커브를 계속 돌며 넘어가야 하는 악명 높은 516도로로 안내했다. 어느새 정신을 차려 보니 산 중턱을 훌쩍 넘어가 있었다. 다행히 잘 도착할 수 있었고 지금까지 무사고로 안전운전을 이어가고 있다.

운전을 배우고 나서 원하는 곳으로 자유롭게 갈 수 있다는 사실은 삶을 한층 풍요롭게 만들었다. 이제는 거리나 시간에 구애받지 않고 어디든 갈 수 있게 되어 이동의 폭이 넓어졌다.

드라이브 중 우연히 발견한 곳은 숨이 멎을 정도로 아름다웠다. 양옆으로 펼쳐진 억새밭은 금빛으로 반짝이며 바람에 일렁였고 멀리 보이는 수평선은 푸른 하늘과 맞닿아 있었다. 차창 밖으로 스치는 풍경은 마치 영화 속 한 장면처럼 느껴졌다. 직접 운전을 해서 이곳에 왔다는 사실이 감격스러웠다. 차를 세우고 잠시 밖으로 나가서 맑은 공기를 들이마시니 해방감이 느껴졌다.

해가 지고 차에서 캠핑하기로 했다. 짐을 많이 가지고 다니는 걸 좋아하지 않고 주로 혼자 다니는 나에게는 차박이 딱 맞았다. 뒷좌

석은 완전히 폴딩되어 누울 수 있는 공간을 만들 수 있었다. 침낭에 몸을 맡기고 창밖의 별빛을 바라보며 고요한 시간을 보냈다. 안전하고 아늑한 나만의 공간이 되어 창문 너머로 보이는 바다가 평온하게 느껴졌다.

또 다른 날은 중산간 지역에 위치해 쉽게 접근할 수 없었던 작은 카페를 찾았다. 비로소 제주의 숨겨진 보물 같은 장소들을 하나둘 찾아갈 수 있었다. 두려움을 딛고 핸들을 잡지 않았다면 이처럼 넓고 자유로운 세상을 만날 수 없었을 것이다.

차에서 피크닉을 즐기기도 했다. 평일 오전 공방으로 출근하기 전, 좋아하는 간식과 커피를 챙겨 집을 나섰다. 가까운 해안도로를 따라 드라이브를 하곤 했다. 한적한 길을 달리다 해변 앞에 차를 세우고 트렁크를 열면 신선한 바닷바람이 머리를 맑게 해 주었다. 차 안에 앉아 에메랄드빛 김녕 바다를 바라보았다.

햇살이 바다 위에 비추면 윤슬은 마치 보석처럼 빛났고 파도가 잔잔하게 밀려와 바위에 부딪히는 소리는 마음을 차분하게 만들어 주었다. 시원한 커피를 한 모금을 마시고 책을 읽으면서 그 순간에만 존재하는 듯한 여유를 만끽했다. 한적한 오름에 올라 노을을 바라보거나 고즈넉한 철새도래지에서 시간을 보내기도 했다.

비가 내리는 날이면 바닷가 앞에 차를 세우고 좋아하는 음악을 들으며 시간을 보냈다. 창밖에는 거친 파도가 높게 일고 투둑투둑 지붕 위로 떨어지는 빗소리가 듣기 좋았다. 차 안은 카페라테 향과 따뜻한 온기가 어우러졌다. 이제는 귀촌을 계획하는 사람들을 만나면 이렇게 말한다.

"제일 먼저 운전면허부터 따세요. 시골에서의 삶이 달라질 거예요."

낯선 길 위에서 만난 나

나 홀로 떠난
오지 여행

사막 한복판에서 공황발작이 왔다

백수로 지내면서 미래에 대한 불안감을 떨쳐내고자 인도로 여행을 떠나기로 했다. 해외여행은 여러 번 다녀봤지만 혼자 떠나는 건 처음이었다.

미디어에서는 인도를 더럽고 위험하며 무서운 나라로 묘사하지만, 인도에서 살다 온 친구들이나 실제 여행을 다녀온 이들의 이야기는 달랐다. 한국과 비교하면 비위생적이고 안전하지 않은 부분도 있지만 순수한 사람들이 사는 아름답고 매력적인 나라라고 했다.

치안이나 위생 문제도 걱정이지만 그보다 더 신경 쓰였던 건 이동의 문제였다. 나라가 워낙 크고 넓어서 도시에서 다른 도시로 이동하는 데 열여섯 시간이 걸리기도 했다. 기차나 버스가 몇 시간씩 연착되는 일이 빈번한 곳이었다. 다행히 델리 여행자 거리에서 혼자 온 한국인 여행자들과 일행이 되어 함께 여행을 시작했다.

고요한 호수를 중심으로 형성된 푸시카르는 신성한 분위기를 자아냈다. 거리에는 색색의 수공예품들이 즐비했고 시장에는 전통 의상과 장신구 등을 구경할 수 있었다. 아름다운 사원의 풍경은 머릿속으로 상상했던 인도의 모습 그대로였다.

이곳에 온 목적은 사막에 가기 위해서였다. 이동 수단으로 낙타를 타고 두 시간 넘게 이동해야 했는데 승마와 비슷할 거란 생각은 착각이었다. 내가 탔던 줄리엣이라는 이름의 낙타는 말보다 두세 배는 덩치가 컸는데 등에 올라탔을 때 너무 높아서 살짝 겁이 났다.

끝없이 펼쳐진 모래 언덕이 서서히 드러나며 사막의 웅장함이 눈앞에 펼쳐졌다. 바람에 의해 형성된 모래 결은 이색적인 분위기를 더하며 마치 다른 행성에 와 있는 듯한 기분이 들었다.

하늘이 붉게 물들 때 모래 언덕에 올라가서 해가 저무는 모습을 한참 동안 바라보니 마음 깊은 곳에서 울컥하는 것이 느껴졌다. 사막의 밤 추위를 녹여줄 따뜻한 모닥불 앞에 모여 둘러앉았다. 저녁 식사로 가정식인 탈리와 인도식 밀크티 짜이를 마시며 도란도란 이야기를 나누다 보니 어느새 밤이 깊어졌다.

게르 같은 천막과 나무로 된 침대 정도는 있을 거로 생각했는데 모래 위에 두꺼운 이불 몇 개를 펼쳐 깔더니 그 위에서 침낭을 덮고 자라고 했다. 샤워 시설은 당연히 없었고 모래를 파면 그 자리가 곧 화장실이 되는 친환경 시스템이었다. 사막 모래 위에서 자는 경험을 언제 다시 할 수 있을까 싶어 불편함도 잊고 침낭을 펼쳐 누웠다. 저 멀리서 히피들의 노래와 악기 소리가 들려왔고 가만히 하늘의 별을 바라보다 스르르 잠이 들었다.

밤새 모닥불 연기와 함께 들개들이 음식 냄새를 맡고 찾아와 주변을 맴돌아 잠을 설쳤다. 아침에 일어나니 속이 울렁거리며 몸이 사시나무처럼 떨렸다.

도시를 이동할 때마다 사람들의 옷차림, 생김새, 풍경이 마치 다른 나라에 온 듯 느껴졌다. 이번에는 눈을 뜨니 사막 한복판이라 뇌에서 위험하다는 신호를 과도하게 보내 공황발작이 온 것이었다. 이럴 때 보면 내 편도체는 겁 많고 귀여운 치와와 같다는 생각이 든다.

담요를 두른 채 그저 모래 위에 앉아 진정되기를 기다렸다. 시간이 지나 조금씩 회복되면서 다시 낙타를 타고 사막을 빠져나왔다. 낯선 환경은 불완전한 날것의 나를 그대로 마주하게 했다.

히말라야에서 혼자 노는 법

포카라는 전 세계 여행자들이 히말라야 등반을 위해 모이는 곳이다. 페와호수를 중심으로 다양한 상점과 레스토랑, 숙소들이 자리하고 있어 평화로운 분위기 속에서 휴식을 즐길 수 있다. 거리 곳곳에서는 다양한 수공예 상점과 등산용품점들이 줄지어 있었다.

이곳에서의 일상은 단순했다. 산책하고 작은 카페에 앉아 잔잔한 호수를 바라보며 따뜻한 진저 레몬티 한 잔을 마시면 모든 근심이 사라지는 듯했다. 오늘 뭐 하고 놀지, 무엇을 먹을지만 생각하며 아무것도 하지 않아도 되는 이 시간은 서서히 나를 회복시켜 주었다.

인도 여행으로 심신이 지쳐 있던 터라 히말라야에 오르는 대신 다양한 액티비티에 도전해 보기로 했다. 첫 번째 도전은 자전거 타기였다. 거의 10년 만에 탔기 때문에 페달을 밟을 때마다 균형을 잃고 넘어질 뻔한 순간도 많았다. 서서히 적응해 가며 여행자 거리의 시작점에서 끝까지 천천히 달리니 은빛 호수와 산으로 둘러싸인 주변 풍경이 보였다. 이때의 경험으로 나중에 다른 나라에서도 자전거를 빌려서 타고 다닐 수 있었다.

두 번째 도전은 페와호수에서 카약을 타는 것이었다. 카약은 한국과 라오스에서 몇 번 타본 경험이 있었는데 호수는 처음이었다.

익숙하게 패들을 저으며 한참 나아가다가 묘한 저항감을 느껴 멈춰 섰다. 가만히 기다리고 있으니 배가 한쪽으로 서서히 회전하고 있었다. 강과 바다에서도 힘들지 않았는데, 쉬울 거로 생각했던 호수가 가장 어려웠다. 뭐든 부딪혀 보기 전까지는 알 수 없는 것이다.

겨울의 날씨에도 한낮에는 반소매를 입을 수 있을 만큼 따스했다. 볕이 호수 위에 내리쬐며 마치 봄을 맞이하는 듯한 기분이었다. 원하는 방향으로 패들을 저으며 나아가는 일은 마치 삶을 선택하고 자유롭게 나아가는 모습과도 같다. 잠시 패들을 내려놓고 가만히 호숫가를 바라보니 가슴이 벅차올랐다. '내가 혼자 네팔에서 카약을 타다니!'

이 순간만큼은 뭐든 다 해낼 수 있을 것 같은 자신감이 들었다. 영어에 대한 두려움도 낯선 나라에 혼자 있다는 것도 더는 문제가 되지 않았다. 오히려 그 모든 것이 나를 더 강하게 만들어 주는 것처럼 느껴졌다.

세 번째 도전은 패러글라이딩이었다. 차로 정상에 있는 활공장까지 이동하며 바라본 풍경만으로도 이미 충분히 감동적이었다. 장비를 착용하고 바람을 기다리다가 드디어 차례가 되었다.

'쓰리, 투, 원, 렛츠고!'

카운트다운 소리와 함께 히말라야의 설산을 향해 달려나가며 몸이 붕 떠오르는 순간 묘하게 차분해졌다. 이 순간만큼은 세상에서 가장 자유로운 사람이었다. 예전에 사무실에서 밤새우며 새해를 맞이할 때 들었던 카운트다운 소리가 머릿속을 스쳤다. 진정한 희망은 내가 선택한 곳에서 시작되었다.

라오스 할머니의 개구리 수프

"라오스에 동굴과 강이 정말 아름다운 지역이 있는데, 가보면 분명 좋아할 거예요."

자전거로 세계 일주를 다녀온 친구들이 이야기했다. 그렇게 네팔에서 돌아온 지 석 달 만에 라오스로 다시 여행을 떠났다.

수도 비엔티안에서 출발한 버스는 9시간을 달려 늦은 밤 콩로의 작은 터미널에 도착했다. 식당과 몇 개의 숙소가 전부인 작은 마을이었다. 늦은 저녁을 먹던 중 갑자기 천둥·번개와 함께 스콜이 쏟아졌다. 비를 피하려 황급히 숙소를 잡고 낯선 땅에서 하룻밤을 보냈다.

다음 날 언제 비가 왔냐는 듯 뜨거운 태양 아래 한낮 온도는 45도에 달했다. 친구들이 이야기했던 숲으로 둘러싸인 동굴을 찾아갔다.

동굴 안에서는 맑은 물이 흘러나오며 양옆으로는 모래사장이 펼쳐졌다. 고민할 것도 없이 옷을 입은 채 시원한 강물에 몸을 담그고 수영을 했다. 커다란 물고기들과 함께 헤엄치며 여기가 지상낙원 아닐까? 하는 생각이 들었다.

며칠이 지나고 동굴 너머에 있는 작은 마을에서 홈스테이할 수 있다는 것을 알게 되었다. 그곳으로 가기 위해서는 작은 나룻배를 타고 동굴을 한 시간 정도 거슬러 올라가야 했다. 이 동굴은 당시 개방된 지 10여 년밖에 되지 않았고 약 7.5km의 거리를 암흑 속에서 랜턴 하나에 의지해 서서히 나아갔다.

한 시간쯤 지났을 때 저 멀리 빛이 보였고 눈앞에 전혀 다른 풍경이 펼쳐졌다. 정글 속을 탐험하는 듯한 느낌이 들기도 하고 마치 타임머신을 타고 공간을 이동한 것만 같았다. 함께 배를 타고 왔던 마을 주민과 함께 2km 정도를 더 걸어 홈스테이 집에 도착했다.

목조로 지어진 2층 건물은 벽이 없이 뻥 뚫려 있었다. 한 가족이 사는 집이었는데 우리나라로 치면 이장님 댁 같았다. 집주인 할머니는 마루 한가운데 모기장과 이불을 가져와 한쪽에 펼쳐주었다. 그곳이 내가 잘 자리였다.

이 마을은 오지라 현지 유심을 써도 핸드폰은 거의 터지지 않았다. 전기는 발전기를 돌려 밤에만 잠시 쓸 수 있었고 수도가 연결되지 않아 샤워는 시냇가에서 했다.

　식사 시간이 되어 가족들과 함께 상에 둘러앉았다. 삶은 우렁이와 채소, 고기가 들어간 국이 나왔는데 자세히 보니 개구리였다. 닭고기와 맛이 비슷하다는 이야기를 떠올리며 한 입 먹었는데 그 맛은 분명 삶은 개구리였다. 음식을 가리지 않고 잘 먹는 편인데 온전한 형태의 개구리 수프는 쉽지 않았다. 나도 모르게 표정 관리를 못 했는지 이후부터 밥상에 작은 라면이 함께 올라왔다. 밥을 잘 먹여야 한다는 마음은 전 세계 할머니들이 똑같았다.

　다음날 한낮 온 동네 사람들이 모여 술잔을 기울이고 있었다. 집주인 아저씨가 안주라며 육포 비슷한 것과 볶은 벌레를 내밀었다. 고소한 맛이라도 나지 않을까 기대하며 먹었는데 나무껍질과 흙맛이 나며 쓰고 거칠었다.

　이곳에서 여행자는 호기심의 대상이었다. 냇가에 몸을 담그고 있으면 마을 아이들이 하나둘 관심을 보이며 주위로 모여들었다. 함께 물장구를 치며 즐겁게 놀고 난 뒤부터 마치 피리 부는 사나이처럼 나를 따라다녔다.

　망고를 따다 주기도 하고 작은 상자 안에 예쁜 꽃 한 송이를 담아 주기도 했다. 어떤 아이는 실에 자신이 좋아하는 단추를 끼워 팔찌를 만들어 손목에 묶어주었다. 다 함께 손을 잡고 냇가로 놀러 가던 시간은 그저 행복했다. 낯선 오지에서 만난 아이들에게 받은 사랑은 예상치 못한 선물이었다.

오지 여행을 안전하게 다닐 수 있었던 이유는 운도 따랐겠지만, 무엇보다 해가 지면 숙소 밖으로 나가지 않고 술을 마시지 않았기 때문이다. 자연을 즐기고 산책을 하며 차를 마시는 것이 일과의 대부분이었다. 외국인은 온 마을 사람들의 관심을 한몸에 받으며 오히려 눈에 띄기 때문에, 역설적으로 안전했다. 그렇게 자연을 따라 여행하는 동안, 오래 잊고 지냈던 나를 다시 만날 수 있었다.

제주를 떠난 진짜 이유

제주살이는
많은 불편함을 감당해야 했다

　나는 두 번 제주로 귀촌을 했었다. 시골 생활에서 가장 큰 어려움은 주거 문제였다. 처음 제주에 왔을 땐 젊은 이주민이 거의 없었던 시기라 무상 임대도 가능했고 3~4천만 원이면 살 만한 농가 주택을 매입할 수 있었다. 하지만 지금은 그 집들이 3억 원이 넘는 가격에 거래되고 있다.
　두 번째 제주로 내려갈 때 2층짜리 작은 집을 임대했다. 정원도 없고 4차선 대로변에 위치한 창고와 다를 바 없는 집이었다. 시골집은 대부분 단열이 되어 있지 않았고 창문은 3mm짜리 얇은 유리창뿐이라 냉기가 그대로 집 안으로 스며들었다. 전기장판 위에 이불 하나만 깔고 잠을 자야 했다. 냉기에 밤새 뜬눈으로 지새운 후 텅 빈 방 안에 멍하니 앉아 있으니 입술 끝에서 한숨 같은 혼잣말이 흘러나왔다.

'이제 어떻게 하지?'

그때는 이런 집에서 살면 골병이 든다는 걸 알지 못했다. 바다가 바로 앞에 있어 늘 강풍이 불어왔고, 도로변이라 버스나 덤프트럭이 지나갈 때마다 소음과 함께 집이 진동했다. 게다가 창문 너머 밭에는 무덤까지 덩그러니 자리 잡고 있었다. 여기서는 그 어떤 안정감도 느낄 수 없었다.

두 번째 집은 함덕 해변 근처의 바깥채였다. 1분만 걸어 내려가면 에메랄드빛 바다가 펼쳐졌고 아침에 눈을 뜨면 그대로 바다로 나가 수영을 했다. 작은 텃밭에는 수국과 토마토, 깻잎, 감자를 심었다. 하지만 이 집도 편안함을 주지 못했다. 화장실이 집 밖에 있어 비 오는 날이나 추운 겨울에는 불편했고 80년이 넘은 집이라 수도관이 노후 되어 물을 틀면 처음에 초록색 녹물이 나왔다. 찬바람이 들어오는 돌창고에서 샤워를 해야 해서 겨울에는 목욕탕을 끊어 다니기도 했다.

제주는 정전이 잦았다. 초강력 태풍 차바 예보가 있던 날 실시간으로 뉴스에 귀 기울이며 보조배터리를 충전하고 대피할 짐을 싸서

문 옆에 두었다. 새벽녘 바람은 점점 거세졌고 얇은 유리창은 곧 터질 것처럼 흔들렸다. 억수같이 쏟아지는 비로 빗물이 역류해 창틀로 새어 들어왔고 수건으로 막았지만 소용없었다. 밤새 한숨도 못 자고 태풍이 지나간 뒤 밖에 나와 보니 골목의 창문들이 모두 깨져 있었다. 이곳에서 더는 살 수 없겠다는 생각에 공방으로만 사용하고 집은 이사하기로 했다.

제주에서 마지막으로 머물렀던 신축 집은 유일하게 안정감을 준 곳이었다. 단열이 잘 되어 있어 태풍이 불어도 바람 소리가 거의 들리지 않았고 집 안은 언제나 쾌적하고 편안했다. 특히 겨울철에도 따뜻함을 유지해 주었고 여름에는 시원한 바람이 들어와 자연스럽게 실내 온도를 조절할 수 있었다. 귀촌 생활 중 가장 평화롭고 안정된 시절이었다.

이 집에 오래 살 수 있으면 좋았겠지만 매년 나가는 임대료는 점점 부담되었다. 집은 삶의 방향과 가치를 비춰주는 거울이자 든든한 기둥이다. 그러나 집값이 치솟은 제주에서 집을 구하기는 쉽지 않았다. 몇 년만 모으면 육지에서 작은 농가 주택을 마련할 수 있다는 생각이 들었다. 계속 임대료를 내며 살지, 아니면 작은 시골집이라도 내 집을 마련할지 고민이 깊어졌다.

앞집과 옆집 모두 공방을 운영해 함께 차를 마시고 프리마켓을 준비하는 등 소소한 일상을 나누었다. 이웃들과의 시간은 언제나 즐거웠고 따뜻한 유대감을 쌓을 수 있었다. 시골 생활을 버티게 해 주는 건 결국 사람이다.

하지만 사람 때문에 상처받고 시골을 떠나는 사람들도 많았다. 육지에서 무슨 일을 했는지 어떤 사람인지 알 수 없기에 친구를 사귈 때 늘 신중해야 했다. 실제로 시골에는 거짓으로 자신을 포장해 다른 사람인 것처럼 사는 사람들이 있다.

제주는 전국에서 임금이 가장 낮기로 유명하다. 나는 잠시 회사에 취직한 적이 있다. 같은 직종으로 이직하더라도 대부분 연봉을 낮춰서 들어가게 된다. 이 회사 역시 연봉을 낮추긴 했지만 그래도 제주에서는 나름 많이 주는 편인 곳이었다. 회사 규모가 작다 보니 사무실 청소도 직접 해야 했다. 그런 건 괜찮았지만 임시로 쓰라며 명함을 A4용지에 프린트한 뒤 가위로 잘라다 주는 걸 보고 바로 그만뒀다.

모든 물류가 바다를 건너오다 보니 기본 생활 유지비용이 많이 들었다. 대부분 기름보일러를 사용해 도시보다 더 춥게 살면서도 난방비는 두 배 이상이었다. 관광지라 물가도 비싸다. 제주에서 살다가 전라남도로 이사 왔을 때 외식 물가 차이를 더욱 실감했다. 택배는 도선료가 붙어 물건값보다 배송비가 더 많이 나오거나 아예 배송

불가인 경우도 많다.

건강의 문제도 있다. 제주는 섬이라 습도가 높아 장마철에는 물속에 있는 기분이 든다. 바람이 강하고 비도 많이 내리고 날씨가 시시각각 변해 예민한 기질을 가진 사람들은 변화무쌍한 날씨로 감정 상태에 영향을 받곤 한다. 공황장애가 더 심해지는 사람들도 있고 아토피가 심해지는 사람들도 있다. 나는 비염이 생겼고 안구건조증이 심해졌으며 시시때때로 불안한 감정이 올라오곤 했다. 추운 집에 살면서 발가락에 동창이 걸리기도 했다.

그럼에도 사실 제주만큼 재미있고 살기 좋은 곳도 없다. 자연은 말이 필요 없으며 맛집과 예쁜 카페, 즐길 만한 전시와 공연도 많고 젊은 귀촌인들과 소통하기에도 좋다. 주거 문제만 안정되었더라면 아마 지금도 머물렀을 것이다. 제주에서의 삶은 많은 도전과 고민을 남겼지만, 그곳에서 얻은 소중한 경험들을 안고 새로운 길을 걷기로 했다.

시골집으로 내 집 마련

시골에서 정원이 있는
내 집 마련의 꿈을 이뤘다

제주에서 두 번, 그리고 이번엔 육지의 시골로 세 번째 귀촌이었다. 비행기와 배를 타고 낯선 도시로 향하는 길은 설렘과 불안이 교차하는 시간이었다. 새로운 시작에 대한 기대감과 그와 동시에 밀려오는 불확실성은 한데 엉켜 있었다.

여수에서 버스를 타고 이동 중 논두렁만 펼쳐진 허허벌판에 잘못 내려서 한참을 헤맸다. 핸드폰 배터리는 떨어져 전원이 꺼지고 어둠이 내리자 막막함이 밀려왔다. 그때 저 멀리 불빛이 보였고 간신히 마을회관에 가서 핸드폰을 충전할 수 있는지 물었다.

"실례합니다. 제가 여행 중에 길을 잃었는데요, 핸드폰 충전 좀

하고 갈 수 있을까요?"

"세상이 참 좋아졌네! 여자가 혼자 여행을 다니고! 들어와요. 난 태어나서 여수 밖으로 나가본 적이 없어."

"여수 밖으로 나가본 적이 없으시다고요?!"

"멀미가 심해서 차를 못 타. 평생 여기서만 살았어."

어르신에게 혼자 여행 다니는 여자는 낯선 존재였다. 세상의 빠른 변화가 누군가에게는 상처를 남길 수 있다는 말을 들은 적이 있다. 어쩌면 세월의 변화가 어르신께는 낯설게 느껴졌을지도 모른다. 시간이 지나 나도 누군가에게 세상이 참 좋아졌다고 이야기할지 모르는 일이다.

시골집주인들의 변덕은 흔한 일이었다. 농가 주택을 팔겠다고 내놓고 매입 의사를 밝히면 다시 철회하는 일이 자주 있었다. 어느 날 돌산도에 고쳐진 시골집이 나와 찾아갔다. 집도 깔끔하고 마음에 들었다. 시간이 늦어 다음 날 아침에 법무사 앞에서 만나 계약하기로 했다. 숙소에 들어가 들뜬 마음으로 가족들에게 집 사진을 보내며 기뻐하고 있었는데 잠시 후 집주인에게 전화가 왔다.

"미안해요. 누가 매매가보다 더 높은 금액에 산다고 해서 아가씨한테 집을 팔 수 없게 됐어요."

누군가 웃돈을 더 준다며 자신에게 팔라고 한 모양이다. 집주인의 갑작스러운 변심으로 기대가 순식간에 무너져 내렸다. 당시 계약금을 바로 넣겠다는 생각조차 하지 못하고 구두로만 이야기를 나누고 온 게 후회스러웠다. 하지만 곧 그 집과는 인연이 아니었구나 하는 생각이 들었다. 반복되는 현실의 벽 앞에서 집을 구하는 일이 버겁게 느껴졌다.

그러다 보성으로 집을 구하러 가게 되었다. 차를 타고 가며 보게 된 바다, 차밭, 그리고 물안개로 덮인 강은 그 자체로 장엄하고 평화로웠다. 자연의 깊은 아름다움이 마음을 사로잡았고 그 풍경 속에서 안도감과 평온을 동시에 느낄 수 있었다.

작은 시골집이 나왔다고 해서 이번에는 제주에서 배를 타고 녹동항으로 향했다. 집을 소개해 준 부동산 사장님 부부도 나처럼 도시에서 제주로, 그리고 다시 육지로 귀촌한 분들이라 세심하게 신경을 써주셨다. 계약 이후에도 지금까지 오랜 시간 기쁠 때나 힘들 때나 언제든 진심으로 마음을 나누는 따뜻하고 다정한 이웃으로 지내고 있다.

아담한 시골집은 햇볕이 잘 들고 조용한 마을에 위치해 매매하게 되었다. 처음으로 내 집이 생겼다는 기쁨과 함께 든든한 마음이 들었다. 작업 공간이 더 필요해 증축이나 별채를 짓기 위해 업체에 견적을 요청했다. 몇 군데 업체와 미팅을 하면서 수리비가 생각보다 정말 많이 들어간다는 사실을 알게 되었다.

그러던 중 친구 가족이 살 집을 알아보다가 지금의 집을 만나게 되었다. 본채도 두 배는 크고 마당에 창고와 별채까지 있어 다양하게 활용하기 좋았다. 첫 번째 집을 팔고 큰 집으로 다시 계약했다.

이사를 앞두고 시골집에 다시 갔을 때 믿기 힘든 광경이 눈앞에 펼쳐졌다. 집 앞은 황금빛 논이 펼쳐지고 커다란 나무들이 그늘을 만들어 주는 고즈넉한 풍경이었다. 그런데 무슨 일인지 커다란 나무들은 모두 잘려 나갔고 전망을 모두 가린 채 건조한 신축 주택이 올라가고 있었다. 계약 당시에 전혀 몰랐지만 이미 제주의 집과 짐을 모두 정리한 후였기에 그저 불편한 현실을 받아들일 수밖에 없었다.

집을 구하는 과정에서 반복되는 실패와 실망 속에서 마음을 내려놓는 방법도 함께 배웠다. 그저 이 모든 순간이 삶의 일부분임을 받아들이게 되었다. 너무 급하게 반응하거나 포기하지 말고 시간을 두고 차분하게 상황을 바라보는 것이다.

이사 견적을 받기 위해 짐을 정리했다. 세탁기와 의자, 화장대 등 큰 가구를 나눔 하고 프리마켓을 열어 살림살이의 반을 처분했다. 섬에서 이사할 때는 배를 타야 해서 선적료 등 육지보다 비용이 많이 들기에 새로 사는 게 더 저렴한 것들은 대부분 정리했다. 그런데도 공방 용품을 포함해 3t의 짐이 남았다. 미니멀 라이프는 다음 생에나 가능할 것이다.

집을 구하는 과정은 끝없는 좌절의 반복이었지만 예기치 못한 일이 일어날 때마다 서두르지 않고 그 순간을 받아들이며 지나갔다. 이럴 때는 그냥 처한 상황에서 최선을 다하는 편이다. 모든 일은 인연에 따라 제자리를 찾아가게 될 것이다.

집 수리를 하다 마비가 왔다

집을 고친다는 건
인내를 요구하는 일이었다

낡고 오래된 집은 손볼 곳이 많아서 리모델링이 필수다. 여러 업체에서 견적을 받았는데 집이 크다 보니 기본적인 수리비만 해도 집값과 맞먹을 정도였다. 선택의 여지 없이 직영 공사로 진행하게 되었다. 집을 짓다 보면 10년은 늙는다고 하는데 리모델링을 시작하고 흰머리가 나기 시작했다.

공사가 진행되는 동안 현장에 머무르며 리모델링에 정성을 쏟았다. 벽지 제거와 곰팡이 청소, 파 벽돌 시공, 단열 작업과 자재 나르기 등을 직접 하며 공간이 변해가는 과정을 실시간으로 지켜볼 수 있었다.

제주 시골집에서 추위에 시달렸던 기억이 있어 단열공사를 1순위로 했다. 시골은 도시가스가 없어 기름보일러를 사용하는데 겨울철 난방비는 훨씬 많이 들었다. 실제로 난방비와 집 관리가 감당되지 않아 집을 팔고 다시 도시로 돌아가는 귀촌인도 많다.

농가 주택은 외부로 나가는 출입문이 많은데 이 집은 무려 다섯 개나 있었다. 사용하지 않는 문을 막는 데도 추가 비용이 들며 예산을 초과하는 일은 빈번했다.

창틀은 단열 유리를 사용한 이중창으로 교체했고 노란 장판과 몰딩을 모두 걷어내고 시멘트 느낌의 장판을 깔자 스튜디오처럼 변했다. 조명도 전부 교체하고 불필요한 문을 철거했다. 덕분에 죽어 있던 공간을 서재로 만들 수 있었다. 집 중앙에 있던 나무 몰딩은 빈티지스러운 느낌이 마음에 들어 그대로 살려두었다.

방은 총 세 개였다. 그중 하나는 작업실로, 나머지 두 개는 확장해 하나로 만들고 드레스룸을 추가했다. 주방 한쪽 벽에는 직접 붉은 벽돌을 시공하고 안방 문은 이국적인 아치 모양으로 만들었다. 한 업체 사장님은 시골에서 이런 집은 처음 본다며 혹시 유튜버냐고 묻기도 했다.

서울에서는 형광등 하나도 갈아본 적 없었지만, 철거부터 마감까지 모든 공정을 현장에서 관리하며 직접 공사에 참여하기도 했다.

온몸으로 부딪치며 배웠지만 무리해서는 안 된다는 걸 절실히 깨닫게 된 일이 있었다.

철거된 시멘트 블록을 처리해야 했다. 몇 시간만 움직이면 될 일이라 사람을 부르면 하루 인건비가 나가기에 직접 무거운 블록을 옮겼다. 저녁에 공사를 마치고 숙소로 돌아와 신발을 벗었는데 오른쪽 두 번째와 세 번째 발가락에 감각이 느껴지지 않았다.

급히 한의원을 찾았다. 의사가 침대에 엎드려 보라며 손으로 허리 아래쪽 척추를 눌렀는데 순간 너무 아파서 '악!' 하는 비명이 절로 튀어나왔다.

"디스크가 찢어지면서 신경이 눌렸어요."

갑자기 무거운 걸 들면서 요령 없이 하다 보니 결국 디스크를 다쳤다. 하루 인건비를 아끼려고 1백만 원 가까이 들여 추나 치료를 받았다. 다행히 발가락 감각은 금세 돌아왔다. 허리 통증은 쉽게 해결되지 않았는데 나중에 요가로 오랜 시간에 걸쳐 서서히 회복했다.

공사는 온전히 내 마음처럼 되지 않았다. 집 수리나 신축 공사를 했던 지인들의 이야기를 들어보면 계약금만 받은 채 공사를 진행하지 않거나, 공정이 덜 끝났는데 연락이 끊기는 일도 있다고 한다. 공사 중 인부의 심기를 건드리면 중간에 일을 팽개치고 가버려 전체 일정이 틀어지는 일도 있다고 한다. 좋은 업체를 만나는 것 또한 쉽지 않다는 생각이 든다.

시골집은 손볼 일이 끊이지 않는다. 매번 사람을 부르면 비용이 감당되지 않아서 스스로 해결할 방법을 배웠다. 절단기 같은 공구를 사서 유튜브를 보고 사용하는 법을 익혔다. 이제 간단한 작업은 직접 해결할 수 있다.

집을 고치는 과정은 예상보다 훨씬 힘들고 복잡했다. 여러 가지 문제에 직면하며 실질적으로 도움이 될 수 있는 몇 가지 교훈을 얻었다.

첫째, 계획을 세울 때는 예상보다 일정을 여유롭게 생각해 두는 것이 좋다. 시간이 부족해지면서 급하게 결정한 부분들이 나중에 후회하거나 추가 비용을 발생시키기도 한다.

둘째, 비용을 절약하려면 전문가의 도움을 받는 것이 오히려 효율적일 때가 많다. 직접 공사를 하며 비용을 아끼려고 했지만 결국에는 몸과 시간, 정신적으로 부담이 커져서 추가적인 비용이 들었다. 중요한 부분은 전문가에게 맡기고 직접 할 수 있는 부분을 찾는 것이 좋다.

셋째, 신중하게 선택해야 할 건 자재다. 예산에 맞추는 것도 중요하지만 장기적으로는 품질 좋은 자재가 더 경제적일 수 있다. 가격뿐만 아니라 내구성과 효율도 고려해야 한다.

넷째, 공사 중에 예상치 못한 일이 생기면 바로 대응할 수 있는 계획을 세워 두는 것이 필요하다. 그때마다 당황하거나 지연되면 시간과 비용이 낭비된다. 일정과 예산을 충분히 고려하고 예기치 못한 상황에 대비하는 것이 필요하다.

원하는 스타일로 만들어가는 재미와 보람은 있었지만, 공사가 끝나도 그 후유증은 오래 남았다. 이제 공사는 그만하고 다음에 이사한다면 신축 집에서 살고 싶다.

명상이 가르쳐준 삶의 방향

—

좋은 어른을 만난다는 건
행운이다

어느 날 서울에서 온 친구가 물었다.

"여기서 제일 자주 만나는 사람이 누구야?"

"우리 주지 스님!"

농담처럼 들릴 수도 있지만 사실이었다. 어느 날은 법당에 앉아 차를 마시며 다섯 시간씩 마음에 관한 이야기를 나누곤 했다. 귀촌 후 사람들과 점점 멀어지고 혼자 있는 시간이 길어질 때 스님과 가장 편안한 대화를 나눌 수 있었다.

제주에서 보성으로 귀촌한 지 얼마 되지 않았을 때였다. 공방 작업과 집 공사로 지친 몸과 마음을 돌보기 위해 요가원을 찾던 중 요가와 명상 수련을 하는 조계종 사찰을 알게 되어 찾아갔다. 깊은 산속을 한참 올라야 도착할 수 있는 오지의 절이었다. 차에서 내리자 멀리서 한 스님이 천천히 걸어오는 모습이 보였다.

"어떻게 오셨나요?"

"저… 요가와 명상을 배우고 싶어서 찾아왔습니다."

그렇게 수련이 시작되었다. 요가를 시작하고 그동안 몸을 얼마나 혹사해 왔는지 알게 되었다. 오른쪽 팔은 어깨 위로 올라가지 않았고 치료를 했던 허리는 여전히 뻐근했다. 다른 도반들이 능숙하게 동작을 해내는 동안 나는 간단한 자세조차 따라가기 힘들었다. 몸을 회복하기까지 오랜 시간이 걸릴 것을 실감했다.

수련 시간보다 늘 일찍 도착해 스님과 차담을 나누곤 했다. 어느 날 명상을 더 배우고 싶다는 마음을 조심스레 꺼냈고, 마침 집중 수행이 시작되는 하안거 무렵이라 자연스럽게 한층 깊은 수련이 이어졌다. 끝날 때마다 아이고 하는 곡소리가 절로 나올 정도로 힘들었지만, 몸과 마음은 개운하고 가벼웠다. 기술적인 수련을 넘어 매 순간 삶을 바라보고 성찰하는 태도를 가르쳐 주셨다.

힘든 수련을 자청해서 한 것이었지만 누구를 가르칠 것도 아닌데 이렇게까지 할 필요가 있나? 하는 생각이 들기도 했다. 시간이 흐르며 수련을 이어가던 어느 날 주지 스님께서 말씀하셨다.

"다른 사람을 가르치며 더 많이 배우게 되니 이제 안내자로 대중과 함께해 보아라."

명상을 안내한다는 것은 지금까지 배운 수련을 새로운 시각에서 되돌아보며 그 깊이를 한층 더 탐구하는 과정이었다. 처음 안내자로 첫 걸음을 내디뎠을 때 다른 사람의 정신과 마음에 영향을 미칠 수 있다는 생각에 책임감이 무겁게 느껴졌다.

명상 뇌과학이나 해외 콘퍼런스에서 배운 내용을 말씀드릴 때마다 흥미로운 표정으로 "그래 이렇게 함께 지혜를 나누며 정진하는 것이다."라고 하셨다. 30년이 넘는 세월을 수행해 오시면서도 늘 열린 마음으로 수용하고 받아들이던 스님의 모습을 떠올리며 길을 찾아갔다. 수행은 끝을 정해둔 목표가 아니라 매일의 삶 속에서 태도를 돌아보고 성찰하는 여정이다.

스님은 두부 한 모라도 공양간의 음식을 아낌없이 나누셨다. 자신보다 남을 생각하며 낡고 해진 옷은 꿰매 입으셨다. 누군가 선물을 드리면 소중히 간직하시다가 다른 이들과 나누며 사람으로서 삶을 어떻게 살아가야 하는지를 몸소 가르쳐 주셨다.

한참 수행에 집중하던 시기에는 "종교는 지혜를 찾아가는 방편일 뿐 아무것도 아니다."라고 하셨다. 함께 수련하던 도반 중 일부는 천주교 신자였는데 성당에 가서 미사를 잘 드리라고 격려하시며 그들의 신앙을 존중하셨다. 또 일에 욕심을 낼 때면 "재능과 성취보다 인간으로서 자연에서 어떻게 살아갈 것인가를 늘 앞선 화두로 두어야 한다."라고 말씀하셨다. 이 말은 삶에서 무엇을 중심으로 삼아야 하는지를 계속 돌아보게 하며 한쪽으로 치우치지 않고 중심을 잡는 데 도움을 주었다.

전라남도, 지자체와 협업하여 바다와 숲을 배경으로 한 생태 치유 명상 프로그램을 개발했다. 이 프로그램을 통해 자연과 사람을 깊이 연결하는 소중한 경험을 쌓을 수 있었고 참가자들이 자연 속에서 마음의 평화를 찾는 데 도움을 주고 있다. 현재는 개인 지도뿐 아니라 교육청과 정신 건강 복지센터와의 협업을 통해 다양한 기관에서 명상을 나누고 있다.

안내자는 먼저 수행을 시작한 사람으로서 함께 길을 걷는 도반이라고 생각한다. 누군가를 가르치는 것이 아니라 함께 길을 개척하며 서로를 비추는 과정이다. 이 길을 걸어가는 이들에게 진정성과 깊이를 전달할 수 있도록 계속해서 배우며 나아가고 있다. 서로에게 배움과 영감을 주는 시간이 되도록 하고자 한다. 어떤 길을 걷든 삶의 목적지나 결과보다는 그 여정에서 얼마나 진지하게 걸어가는지, 그리고 진실하게 살아가는지가 중요하다.

안내자가 되기 위해서는 먼저 자신이 배운 것들을 깊이 이해하고 그 본질을 받아들이는 시간이 필요하다. 명상을 처음 시작한 지 어느덧 10년이 지났다. 그동안 겪은 변화와 배움은 매일 새로운 시각을 제공한다. 사람들에게 작은 온기와 울림을, 나아가 세상의 존재들을 향한 따뜻한 선의를 나누고 싶다.

명상을 통해 얻은 것은 삶의 매 순간을 온전히 살아가는 방법이었다. 길을 걷다 보면 어느 순간 목적지보다 중요한 것은 걸어온 과정임을 알아차리게 된다.

2부

삶을 예술로, 꿈을 현실로

프리마켓에서 나만의 브랜드를 만들다

우연히 시작한 프리마켓에서
1인 브랜드를 만들었다

　제주에 내려온 후 몇 달 동안은 친구들을 만나고 낚시를 하면서 자유를 즐겼다. 특별한 계획 없이 그저 하고 싶은 일을 하며 살겠다는 마음뿐이었다. 퇴직금은 그리 넉넉하지 않아서 앞으로 얼마나 버틸 수 있을지 알 수 없었다.
　이때 프리마켓이 생기기 시작했다. 평소 손으로 뭔가를 만드는 것을 좋아했던 터라 취미로 만들던 드림캐처와 크리스털을 담은 유리병 썬캐처를 직접 개발해 판매하기로 했다.
　드림캐처는 악몽과 나쁜 기운을 걸러주고 행운을 가져다준다고 전해지는 인디언들의 부적이다. 거미줄에 맺힌 이슬이 사라지는 모습을 보며 나쁜 기운이 걸렸다가 사라진다고 믿었다. 밤새워 뒤척이는 이들에게 드림캐처가 편안한 밤을 선물해 주기를 바라는 마음으로 얇은 실을 손으로 엮어가며 작은 크리스털과 깃털을 달아 만들었다.

주로 참여한 프리마켓은 다정한 사장님 부부가 운영하던 카페 하루하나의 '반짝반짝 착한 가게'였다. 유명한 셀럽분들이 셀러로 함께 참여해 유명했던 마켓이기도 했다. 가끔 내가 만든 소품을 사주기도 하고 따뜻한 응원을 건네주었다. 이 마켓 덕분에 든든하게 시작할 수 있었다.

이후 동쪽으로 이사를 하며 세화해변에서 열리던 '벨롱장'에 참여하게 되었다. 푸른 바다를 배경으로 소박하고 다정한 분위기의 마켓이었다. 이곳에서 제주에 내려와 자유로운 삶을 살아가는 나와 비슷한 마음을 가진 친구들을 만날 수 있었다. 연고도 없는 섬에서 스스로 살아내던 이들의 커뮤니티 공간이었다.

첫날은 특히 힘들었다. 내향적인 성격이라 손님이 와도 부끄러워 설명조차 제대로 못 하고 간신히 가격만 대답할 수 있었다. 결국, 첫 매출은 3만 원에 그쳤고 서쪽에서 동쪽 끝까지 이동하는 차비와 시간, 밥값을 생각하면 적자였다.

프리마켓은 결코 만만한 일이 아니었는데 뜨거운 여름날 땡볕 아래에서 지칠 대로 지쳤다. 갑자기 비가 쏟아지거나 거센 바람에 소품들이 바다로 날아가는 일도 있었다. 에너지를 너무 많이 소모해 집에 오면 그대로 쓰러지듯 누워 한동안 꼼짝할 수 없었다. 이 일을 계속할 수 있을까 하는 생각이 들었다.

프리마켓이나 공방을 시작할 때는 바로 수익을 기대하기 어렵다. 처음에는 자원과 시간이 많이 소요되며 수익보다는 과정 자체에 집중해야 한다. 당장 수익이 얼마나 나오는지보다는 작품이나 서비스가 어떤 가치를 전달할 수 있을지 고민을 통해 지속 가능한 방법을 찾아가는 것이 필요하다. 어떤 의미와 경험을 제공할 수 있을지에 대한 깊은 고민이 결국 장기적으로 나아갈 방향을 찾는 나침반이 된다.

더 힘든 순간도 있었다. 소품들을 보고 '예쁜 쓰레기'라거나 '내가 똑같이 만들어줄게'라며 무례한 말을 하는 사람들도 있었다. 프리마켓에 나가본 적이 있는 사람이라면 한 번쯤은 들어봤을 것이다. 상처가 되는 순간도 있었지만 이를 통해 작품의 가치를 전달하는 법을 배웠다. 모든 작품에는 '따뜻한 위로의 빛'이라는 슬로건을 추가하며 단순히 예쁜 소품이 아닌 마음에 위로와 치유를 줄 수 있는 오브제로써 이야기를 더했다.

누군가의 삶에 긍정적인 변화를 가져오고, 작은 위로와 기쁨을 전달할 수 있다는 사실은 가장 중요한 답이 되었다. 작품에 담긴 감정과 이야기, 그리고 그 안에 스며든 에너지를 나누는 것이 진정한 가치였다. 작품을 통해 사람들의 마음에 닿고 그들이 느끼는 작은 변화가 쌓여 큰 의미를 만들어간다. 물리적인 형태를 넘어 사람들의 삶에 긍정적인 영향을 미칠 수 있다는 믿음은 작업의 원동력이 되었다.

손님들의 즉각적인 반응을 통해 작품을 발전시켜 나가며 점차 그들이 좋아하는 것과 필요로 하는 것을 파악하고 작품을 수정했다. '이건 나를 위한 작품이에요, 너무 힐링 돼요'라며 구입하는 사람들의 모습을 볼 때마다 나도 함께 행복해졌다.

제품의 가치를 전달하는 데는 단순히 품질만으로는 부족하다는 사실을 알게 되었다. 브랜드의 정체성을 알리는 법을 배워야 했다. 소셜 미디어를 활용해 프리마켓에서의 경험과 제작 과정을 담은 짧은 영상과 사진, 글을 인스타그램에 올리며 브랜드를 소개했고 그 덕분에 작은 팬층이 형성되었다. 그 당시에는 해시 태그 노출이 잘 되어서 따로 유료 광고를 하지 않아도 홍보가 되던 시기였다. 요즘에는 스레드를 주로 이용하고 있다.

중요한 건 소통이다. 상품에 대한 설명이나 마케팅일 수도 있고 단순히 경험을 공유하는 일기처럼 보여줄 수도 있다. 꾸준히 하다 보니 조금씩 이야기에 공감하며 관심을 두는 사람들이 생기기 시작했다. 손님들과의 대화, 작가 친구들과의 소통은 외로운 타지살이에서 큰 힘이 되었다.

흔히 완벽한 준비나 성공에 대한 확신이 있어야만 시작할 수 있다고 말한다. 과연 완벽한 타이밍이 정말 존재할까? 처음에는 불안하고 어려워 보일 수 있지만 불확실함 속에는 분명 기회가 숨어 있다. 중요한 것은 첫발을 내딛는 용기와 그 과정을 즐기는 마음이다.

실패하더라도 피드백을 적극적으로 받아들이면 무엇이 잘못되었고 개선해야 하는지 알 수 있다. 자신에게 실망할 시간에 어떻게 이 일을 지속할 수 있을지 고민하는 것이 더 이익이다. 어려움을 겪을 때마다 필요한 자원을 찾아보고 자신만의 해결책을 하나씩 쌓아가면 점차 원하는 방향으로 나아갈 수 있게 된다.

과정에서 얻은 경험과 교훈을 통해 중요한 것은 성과보다는 성장에 집중하는 것이다. 지속적인 성장과 진정성 있는 변화가 브랜드의 근본적인 힘을 만든다. 고객과의 신뢰를 쌓고 가치를 전달하는 것이 브랜드가 형성되는 핵심이다. 진정성 있는 가치는 더 많은 사람들과 연결될 것이다.

내 방을 공방으로 바꾼 창업기

작은 시골집 한 칸에서 시작된 공방은
예상치 못한 성장을 만들었다

일주일에 한 번 나가는 프리마켓만으로는 수입이 부족했다. 다른 경로를 통해 수입을 늘려가며 사업을 확장할 방법을 찾아야 했다. 오프라인 매장을 여는 것은 부담이었고 그저 진열장 하나 놓을 공간이면 충분했다. 고민 끝에 거주하고 있는 시골집에 사업자를 내고 공방을 운영하기로 했다.

안방을 제외한 가장 큰 방을 소품 상점으로 가장 작은 방은 작업실로 꾸몄다. 별다른 공사를 할 것도 없이 여행을 다니며 모아 온 소품들을 활용했다. 태국 삼각 쿠션을 놓고 인도에서 사 온 만다라 그림과 파란 조명, 라오스에서 가져온 수공예 직물로 공간을 연출했다.

개업식도 하지 않고 조용히 작업실에서 소품을 만들며 알음알음 찾아오는 손님들을 맞이했다. 작은 공간에는 생각보다 많은 사람이 찾아왔고 동네 이웃들의 사랑방이 되었다. 차를 마시고 가끔은 맛있는 음식을 만들어 먹으며 담소를 나누던 그 모습은 잔잔하면서도 생기를 주었다.

간판도 없이 나무 팔레트에 'open'이라는 글씨만 써서 대문에 달아놓았다. 이 집에 잠시 머물러 가는 사람이라 그저 있는 듯 없는 듯 존재하고 싶었다. 손님들은 입구에서 머뭇거리며 조심스럽게 "여기 들어가도 되는 건가요?" 하며 묻곤 했다. 이렇게도 공방을 운영할 수 있다는 사실에 놀라워했다.

도시의 번듯한 상가와는 다른 시골 할머니 집 같은 정겹고 여유로운 분위기의 공방은 여행자들의 호기심을 불러일으켰다. 손님들은 독특한 분위기에 오래 머무르다 가고 싶다며 카페를 같이 했으면 좋겠다고 말하곤 했다.

80년이 넘은 미등기 건물이어서 휴게음식점 허가는 받을 수 없지만 대신 드림캐처 만들기 원데이 클래스를 진행했다. 수강생들은 드림캐처를 만들며 자신의 이야기를 나누고 서로의 다양한 경험을 공유했다. 각자만의 이야기가 담긴 작품들은 더욱 의미 있게 느껴졌다.

어느 날 분홍색 머리에 야자수 셔츠를 입은 청년들이 공방에 왔다. 나는 연예인들을 잘 알아보지 못하는 편이라 꾸미기 좋아하는 관광객 청년들이겠거니 했다. 그런데 얼마 뒤 우연히 예능 프로그램에서 그들이 나오는 모습을 보고 깜짝 놀랐다. 너무나 유명한 k-pop 그룹의 아이돌이었다.

얼마 뒤 딩고 트레블에서 〈제주에 가면 꼭 사야 할 기념품 TOP10〉에 우리 공방에서 만든 유리병 썬 캐처가 선정되면서 여러 소품숍에서 입점 제안이 들어왔다. 납품을 위해 매일 새벽까지 소품을 만들며 바쁘게 지냈다.

여기에 온라인 플랫폼에서도 입점 요청이 들어왔고 아이디어스와 1300K에 입점하게 되었다. 이를 계기로 카카오톡 선물하기와 네이버 스마트스토어까지 새롭게 열었고, 온라인 채널을 통해 점차 사업을 확장할 수 있었다. 덕분에 작품을 더 넓은 세상과 연결할 기회가 생겼다.

하지만 동시에 한 가지 문제에 직면하게 되었다. 점점 더 많은 손님이 찾아오면서 공방을 운영하는 데 필요한 자원과 시간이 부족함을 실감하게 되었다. 현실적으로는 제작, 마케팅, 운영, 재고 관리, 포장과 배송 등 모든 부분에서 부담이 커졌다. 사업의 덩치가 커질수록 책임감과 위험부담이 높아질 수밖에 없었다.

보통 물 들어올 때 노를 저으라며 매장을 크게 내고 직원을 채용하며 확장하겠지만 나는 오히려 노를 놓아버리는 사람이었다. 그렇게 확장하면 성격상 과도한 책임감에 한계까지 몰아붙이며 일할 것이 뻔했다. 그저 마음 편히 소소하게 운영하고 싶었고 바쁠 때만 잠시 아르바이트의 도움을 받았다.

해가 질 때면 바닷가를 산책하고 집으로 돌아와 작업실에서 다시 손을 움직였다. 라디오를 켜면 푸른 밤 심야 라디오 DJ의 다정한 목소리가 적막함을 채워주었다. 가끔 라디오에 문자로 신청곡과 사연을 보냈고 문자가 채택되거나 신청곡이 틀어지는 날에는 신나서 작업에 몰두했다.

이 시간에 함께해 주는 친구들이 있었는데 바로 동네 고양이들이었다. 작업 특성상 환기를 시켜야 해서 창문을 열고 작업하는데 귀여운 치즈 고양이들이 늘 창틀에 앉아 작업하는 모습을 구경하고 때로는 들어와 소파에 누워서 쉬다가 가곤 했다.

작업을 이어가던 어느 날 오른쪽 팔이 어깨 위로 들리지 않는 걸 발견했다. 그뿐만 아니라 손목도 보호대를 차고 일했지만 늘 통증이 함께했다. 그 순간 직장 생활을 하던 시절이 떠올랐다. 더는 그렇게 몸을 혹사하지 않고 여유로운 삶을 살겠다며 퇴사했는데, 나도 모르게 또다시 몸이 부서져라 일하고 있었다.

물질적인 성취와 자유로움 사이의 균형을 맞추기 위해 일과 생활을 건강하게 유지할 방법이 필요했다. 이때 공방을 하던 시골집 계약이 종료되면서 대문에 걸어놓았던 팔레트를 떼어내는 것으로 간단히 정리했다.

공방을 운영하면서 소소한 용돈벌이에 그친 것은 아니었다. 첫 수입은 3만 원에 불과했고 상품을 개발하는 과정에서는 "이걸 누가 돈 주고 사?"라는 말도 들어봤지만 1인 공방으로 큰 성과를 올린 적도 있다.

너무 많은 것을 한꺼번에 시도하기보다 자신이 할 수 있는 범위 내에서 점진적으로 확장하는 것이 현실적인 방법이다. 혼자서 많은 것을 해결해 나가야 하기에 과도한 책임감에 압도되지 않도록 균형을 잘 맞추며 운영할 때 지속 가능한 성장을 이룰 수 있다.

작은 시골 카페

공방을 하려 했는데
맛집이 되어버렸다

보성으로 이주하면서 제주에서 판매하던 소품들은 육지 시장과 잘 맞지 않았다. 외진 시골이라 관광객도 드물었다. 기존의 방식으로는 지속적인 수입을 만들기 어려웠고 새로운 일을 찾아야 했다. 이 상황에서 어떻게 해야 할지 고민하며 더 나은 방법을 모색했다.

공방만으로는 운영이 어려울 것 같아 카페가 함께 어우러질 수 있는 형태로 확장할 계획을 세웠다. 먼저 상가를 구하는 것부터 시작했다. 벌교 읍내 골목길을 수없이 돌아다니며 임대 표시가 붙은 상가를 찾아다녔다. 목이 좋고 깨끗한 상가는 임대료가 예상보다 높았는데 시골집을 매매하고 수리하느라 여유 자금이 없었다.

그러다 삼거리에 있는 낡은 8평짜리 상가가 눈에 들어왔다. 먼지가 두껍게 내려앉은 가게는 오랜 시간 방치된 공간임을 말해주고 있었다. 임대 표시가 없었지만 혹시나 하는 마음에 바로 옆 세탁소 아주머니에게 물어보았다.

"아주머니, 혹시 옆 가게 누가 쓰고 있는 걸까요?"

"거긴 왜?"

"혹시 비어 있으면 임대할 수 있을까 해서요."

"그래? 계약이 끝날 때가 됐을 텐데 잠깐만 기다려봐."

아주머니는 친절하게 그 자리에서 건물주에게 전화를 걸었고 잠시 후 밝은 표정으로 답했다.

"마침 며칠 뒤 계약이 끝나는데 임대 가능하다네!"

그렇게 작은 상가를 보증금 100만 원에 연세 150만 원을 주고 임대할 수 있었다. 월세로 치면 12만 5천 원이라 부담 없는 금액이었다.

계약하고 나서야 내부를 볼 수 있었는데 안은 엉망이라 공사가 필수였다. 가게는 약 8평 정도 되는 긴 직사각형 매장이었다. 집 리모델링을 하고 남은 자재를 활용해서 비용을 절약해 내부를 공사했고, 은은한 분위기를 연출해 따뜻하고 빈티지한 느낌으로 만들었다. 가게 입구에 걸어놓은 알록달록한 룽따(티베트 깃발)를 보고 동네 할머니들 사이에 점집이 생겼다는 소문이 나기도 했다.

카페에서는 주로 인도 음악을 틀어놓곤 했다. 어느 날 인도에서 일하는 한 손님이 명절을 맞아 한국에 들어왔다. 손님은 카페에서 흘러나오는 음악을 듣다가 깜짝 놀란 표정으로 다가왔다.

"사장님, 이 노래를 어떻게 아세요?"

"우연히 듣다가 좋아서 틀어봤어요."

"세상에! 이 노래 부른 가수, 제가 아는 사람이에요!"

손님은 그 자리에서 인도에 있는 가수에게 영상 통화를 걸어 카페에서 흐르고 있던 노래를 들려주었다. 마치 팬 미팅처럼 인사를 나누었는데 신기하고 유쾌한 순간이었다.

문을 연 지 얼마 지나지 않아 방송국에서 '성공보다 여유가 먼저인 사람들'이라는 주제로 인터뷰 요청이 들어왔다. 도시에서 벗어나 자연과 함께하는 삶과 여유 속에서 새로운 가능성을 발견하게 되었는지에 대해 이야기했다. 방송을 통해 시골에서의 삶을 진솔하게 전할 수 있었다.

카페는 주 5일 12시에 문을 열고 6시에 문을 닫았다. 솔직히 말하면 하루 4시간 일하는 것이 최상의 컨디션을 유지할 수 있는 가장 이상적인 시간이라고 생각한다. 그 시간 동안 최선을 다해 일하며 집중력을 높여 효율적으로 운영하는 것이다. 일과 생활을 조화롭게 관리하여 개인적인 삶을 충분히 즐기는 완벽한 워라벨Work-Life Balance을 이곳에서 이루고 있었다.

메뉴는 간단하게 구성했으며 시그니처 메뉴로 꼬막라테를 만들었다. 꼬막 모양의 에스프레소 얼음과 진한 연유, 부드러운 우유가 어우러져 고소하면서도 달콤한 풍미를 자랑하는 음료였다. 귀여운 비주얼이 손님들에게 소소한 인기를 끌었다.

어느 나른한 오후 카메라를 든 사람이 가게 문을 열고 흥미로운 표정으로 다가왔다.

"안녕하세요! 방송국에서 나왔어요. 지나가다 가게 분위기가 독특해서 들어왔는데 촬영해도 괜찮을까요?"

"아… 네! 물론이에요."

촬영팀의 눈빛은 호기심으로 가득했다. 곧 카메라가 켜지고 가게 안의 소품과 음료를 하나하나 촬영하기 시작했다. 꼬막 모양의 에스프레소 위에 연유와 우유가 천천히 부어지는 모습이 카메라 렌즈에 담겼다. 방송을 통해 맛집으로 소개되면서 손님들이 점점 늘어났고, SNS에서도 자연스럽게 소문이 퍼지며 알려지기 시작했다.

그림 전시도 하고 소품도 판매하며 찾아오는 분들에게 커피를 내어주는 모습을 꿈꿨지만 예상과는 달리 맛집으로 알려진 것이다. 나중에는 벌교에 가면 꼭 방문해야 하는 카페라며 관광버스로도 단체관광객까지 찾아왔다. 마치 경찰들이 마약 조직을 잡기 위해 위장으로 차린 치킨집이 맛집으로 소문나면서 벌어지는 이야기를 다룬 영화 〈극한직업〉 같았다.

뭐가 되었든 잘되면 좋은 것 아니냐 할 수 있겠지만 나는 결국 돈보다 하고 싶은 걸 하는 게 중요했다. 작업은 뒤로 미뤄두고 신메뉴 개발에 집중하는 모습을 보며 이게 내가 원하던 모습인가 하는 생각이 들었다. 그렇게 가게를 정리하고 다시 자유인이 되었다.

이제 더 이상 '어떻게 살아야 할까?'라는 질문에 급하게 답을 찾으려고 하지 않는다. 언제나 중요한 것은 외부의 기준이 아니라, 스스로 느끼는 만족과 행복이다.

바다와 가장 가까운 책방

—

바닷가 책방에서 자연과 사람을
잇는 법을 배웠다

직장인들에게 카페와 함께 로망인 공간이 바로 책방이 아닐까? 게다가 바닷가에 있는 작은 책방이라면 그 매력은 배가 될 것이다. 카페를 정리하고 바다를 배경으로 명상 프로그램을 준비하고 있었다. 그러던 중 전라남도 생태관광 사업으로 조성된 책방 운영을 함께 맡았다.

이 책방은 해변 모래사장 위에 위치해 만조에는 문을 열고 나가 스무 걸음이면 발끝에 파도가 밀려왔다. 잔잔한 파도 소리가 규칙적으로 들리며 공간을 차분하게 만들었다. 책을 읽으면서 여유를 즐기고 새로운 이야기를 발견할 수 있는 곳으로 만들고자 했다.

아담한 6평의 내부는 자연을 온전히 담아내는 데 초점을 맞추었다. 나무로 마감된 실내와 어울리도록 손끝에 닿는 촉감이 부드럽고 안정감을 주는 원목 책상과 의자를 배치했다. 창가에 놓인 책상은 햇살이 은은하게 스며들어 독서에 몰입하기 좋았다.

생태, 인문학, 소설, 수필, 시집 등 다양한 장르의 책을 갖췄다. 좋아하는 장르의 책을 고르고 우연히 눈에 들어온 제목에 마음을 빼앗겨도 괜찮았다. 어떤 책이든 바다와 함께 여유를 만끽할 수 있었다. 창문 너머로 보이는 득량도와 솔밭, 붉게 물든 노을이 아름다운 배경이 되어, 자연이 주는 감각적 경험을 선물했다.

매일 아침 해변으로 출근해서 텀블러에 드립 커피를 한 잔 내린 뒤 캠핑 의자에 앉아 책을 읽고 있으면 지나가는 사람들이 엄지를 치켜들며 이렇게 말했다.

"와! 이런 곳에서 일하면 매일 행복하겠어요."

맨발로 부드러운 모래를 밟으며 바람을 온몸으로 느꼈다. 고요한 순간 속에서 그저 머무르는 것만으로도 충분히 편안한 시간이었다.

아흔에 가까운 어르신이 책을 읽고 손편지를 쓰며 시간을 보내던 날은 오래도록 기억에 남는다. 할아버지께서 살아 계셨을 때 마지막으로 함께 여행을 왔던 곳이 바로 이 해변이라며 이런 공간이 있다는 것만으로도 고맙다는 마음을 전해주셨다.

해변에서는 바다치유 명상 프로그램을 진행했다. 파도 소리의 리듬은 몰입감을 높였고 넓은 수평선이 주는 개방감은 감정의 해방감을 주었다. 청각, 시각, 촉각을 자극하는 다감각적 경험은 명상을 더욱 깊이 있게 만들었고 도시의 분주함에서 벗어나 에너지를 재충전하는 데 도움을 주었다.

책방에서는 치유를 주제로 한 미디어아트 전시를 열었다. 이 전시는 전라남도 문화재단의 후원을 받아서 진행했다. 한 사람씩 책방 안에 마련된 공간에 들어가 작품을 감상하며 자신의 이야기를 발견하는 시간이 주어졌고 관객들에게 사유의 순간을 선사했다.

작품 감상 후에는 바로 앞 해변에서 명상과 함께 차를 마시는 시간이 이어졌다. 바다를 마주하며 차를 나누는 고요한 시간은 작품의 여운을 확장시키고 자연과 사람의 연결감을 깊게 만들었다.

한 번은 백발의 할머니께서 작품을 감상하고 다음 날 다른 친구분과 다시 방문해서 말씀하셨다.

"태어나서 미디어아트를 처음 봤는데 너무 감동적이어서 친구에게도 보여주고 싶어서 함께 왔어요."

바닷가 작은 책방을 배경으로 전시와 명상 프로그램이 어우러진 경험은 호평을 받았고 덕분에 문화예술 발전 기여 표창도 받았다.

책을 좋아하는 여행자들과 지역민들이 찾아와 공간을 아껴주고 응원을 보내주곤 했다. 하지만 아름다운 이야기만 있었던 것은 아니다.

해수욕장에 위치하다 보니 카페나 매점으로 착각하며 "여기 커피 안 팔아요?"라는 질문을 하루에도 수차례 들었다. 어린이들도 책을 읽으러 오는 곳인데 책방 입구를 평상으로 사용해서 술판을 벌이는 어른들도 있고 반말로 무례한 말을 서슴없이 하는 사람들도 있었다.

공공시설을 직접 운영해보니 공무원분들이 얼마나 힘든지 간접적인 경험을 해볼 수 있었다. 지금은 그 자리를 문화 해설사들이 이어가며 방문객들에게 여전히 의미 있는 시간을 제공하고 있다.

바닷가 작은 책방에서 자연과 사람을 이어주는 방법을 배우고 지금은 숲에서 명상 프로그램을 운영하고 있다. 자연에서 치유와 성찰을 경험할 수 있도록 돕는 일이 새로운 목표가 되었다.

게으른 자는 살아남을 수 없는 시골살이

―
게으름을 피우는 순간
집은 순식간에 정글이 된다

　주택에 사는 일은 노동의 연속이다. 관리와 보수로 할 일이 끊이지 않기에 게으른 자는 집을 유지할 수 없다.
　특히 여름철은 기온이 높고 습한 날씨 탓에 잠깐이라도 손을 놓으면 정원이 순식간에 정글로 변한다. 지금은 하루에 30분씩 풀을 뽑고 관리하지만, 처음엔 아무것도 모르고 내버려두다가 무성한 풀숲이 된 적이 있다.
　도시에서 시골에 막 내려왔을 때는 집 앞에 자란 잡초마저도 예뻐 보였다. 차마 뽑을 수 없어서 돌멩이로 둘러놓으니 지나가던 동네 어르신이 이 모습을 보고는 지저분하다고 뽑으라 했다. 하지만 살아 있는 생명을 내가 뭐라고 죽이나 싶어 그대로 두었다. 그로부터 10년이 지난 지금은 풀 뽑기 달인이 되었다. 시골에는 빈집이 많은데 사람이 살지 않으면 금방 망가져 쓸 수 없게 된다. 보통 인근에 사는 친척이나 지인들이 관리해 주지만, 그마저도 돌봐줄 사람이 없으면 몇 년 만에 집은 형태를 알아볼 수 없을 정도로 풀과 나무에 가려져 서서히 자연으로 회귀한다.

가만히 생각해 보면 흙과 나무, 지푸라기, 돌 같은 자연 소재로 지어진 집이 자연으로 돌아가는 것은 당연한 일이다. 다음에 살게 될 곳은 넓은 정원에 나무를 많이 심고 집은 아주 작게 지어 최소한의 에너지만 사용하며 불필요한 자원의 낭비를 줄이고 싶다. 사람이 자연과 조화를 이루며 살아가면 집도 자연의 일부로서 그 역할을 다 할 수 있을 것이다.

이제 막 귀촌한 사람들이 마주하게 되는 현실은 정원 관리와 집 수리가 예상보다 훨씬 힘든 노동이라는 것이다. 하지만 식물을 심고 돌보며 자라나는 과정을 지켜보면 그 노동을 할 만한 가치가 있다는 사실을 느끼게 된다. 비결은 매일 조금씩 꾸준히 관리하는 것이다.

한 번은 풀을 베다가 돌 틈에서 작은 뱀이 나오는 걸 봤다. 시골에서 흔히 볼 수 있는 독 없는 순한 누룩뱀 새끼였는데 무성해진 풀과 돌 틈이 좋은 은신처였을 것이다. 담장 너머에 커다란 자라가 느릿느릿 기어가고 있는 걸 본 적도 있고, 두더지가 정원 여기저기에 굴을 파 놓기도 했다. 가만히 관찰해보면 이 집은 나만의 것이 아니다. 이 울타리 안에 얼마나 많은 생명이 살고 있는지 놀라울 때가 있다.

서울에 살 때는 1평만이라도 내 정원을 가꿀 수 있으면 좋겠다고 생각했는데 막상 정원이 생기니 어떻게 가꾸어야 할지 막막했다. 봄에 꽃모종을 잔뜩 사다 심었지만 별로 티가 나지 않았고 여름 긴 장마에 다 녹아버리기도 했다. 매년 꽃을 심는 일은 무리라 그다음부터는 씨앗을 뿌렸다.

작은 나무 묘목이 큰 나무로 자라기까지는 많은 시간과 보살핌이 필요하다. 씨앗을 심어 묘목으로 키워보니 커다란 나무를 만날 때마다 그 앞에 서면 자연스레 겸손해졌다.

집과 정원을 관리하는 일에는 예상치 못한 문제들이 발생할 수 있다. 특히 여름철 비가 많이 오는 장마는 더욱 신경을 써야 한다. 배수구가 막히거나 고장이 난 부분을 버려두면 큰 피해를 볼 수 있다.

이사한 첫해 국지성 호우로 하늘에서 물 폭탄이 쏟아졌고 마당 배수구 세 군데 중 두 곳이 낙엽에 막혀 순식간에 물이 발목까지 차올랐다. 허둥지둥 나가 낙엽을 치우자 금세 물이 빠졌다. 평소 부지런히 마당을 쓸어두었더라면 이런 일은 없었을 것이다.

예를 들어 배수구를 주기적으로 청소하고 작은 균열이 생기면 즉시 수리하는 것이 장기적으로 집을 지키는 방법이다. 집을 관리하는 일은 마음을 끊임없이 점검하는 것과 같다. 마음이 복잡하거나 힘들 때는 보통 집도 어지럽기 마련이다.

사람도 나이가 들면 이곳저곳 고장이 나듯 시골집도 끊임없이 보수해야 할 곳이 생긴다. 숨을 쉬게 해 주고 고장이 나면 고쳐주고 청소와 칠도 해야 한다. 작은 부분까지 신경을 써야 할 일이 많다. 옥상에 있는 배수구에 낙엽과 먼지가 쌓여 막히면서 물이 고여 고압 세척기로 청소를 하고 방수 작업을 했다. 어느 날은 보일러가 고장 나고 조명이 나가고 대문이 떨어지기도 했다.

바닷가 집은 습도가 매우 높고 바람이 세다. 유리가 소금기로 뿌옇게 변하고 장마철에 제습기로 관리하지 않으면 순식간에 곰팡이가 피어 건강에 악영향을 끼친다. 염분 때문에 열쇠 구멍이 삭아서 일 년 만에 문고리를 교체해야 하는 일도 있었다.

전원생활의 또 다른 중요한 현실은 비용 관리이다. 초기에는 예상보다 많은 돈이 들어간다. 중고 자재를 인터넷에서 구매하거나 DIY 수리법을 참고해 직접 하는 방식으로 비용을 줄일 수 있다. 이렇게 하지 않으면 예상치 못한 수리 비용이 쌓여 시골집을 유지하는 데 큰 부담이 될 수 있다.

집은 사람을 담아내는 그릇으로 삶의 방식과 태도를 고스란히 드러낸다. 흘러가는 시간 속에서 조금씩 조화를 이루려고 노력 중이다. 시골집에서 명상 스테이를 시작하며 또 다른 도전이 시작되었다.

스테이, 묵언으로 머무르다

묵언은 고요한 내면의 소리를
듣는 시간이다

　지금 사는 시골집을 활용해 숙소와 명상 수업을 결합하여 명상 스테이로 운영하기로 했다. 임대료가 따로 나가지 않으며 일정이 있을 때는 예약 달력을 닫고 유연하게 운영할 수 있다는 점이 가장 큰 장점이었다.
　먼저 허가가 가능한지 군청에 전화를 걸어 문의하여 확인했다. 오·폐수관이 바로 연결되어 있어 정화조 공사를 따로 하지 않고 바로 신고필증을 받았고 농어촌 민박으로 사업자 등록을 했다. 시골 지역은 정화조가 묻어져 있는 경우가 많아 농어촌 민박으로 운영하려면 큰 용량의 정화조를 다시 묻어야 하는데 그 비용이 상당히 든다.

숙소 운영을 위해 리모델링을 해야 했는데 집과 카페 공사를 하면서 배운 경험을 활용해 셀프로 해보기로 했다. 객실에 창문과 출입문을 새로 설치해야 했는데 이 부분은 장비 사용과 안전 문제로 전문가의 도움을 받았다.

중요한 단열 작업을 먼저 시작했다. 각재로 골격을 만든 후 스티로폼을 채우고 단열 폼을 쏘아 틈을 메운 다음 단열재가 부착된 석고보드로 마감했다. 덕분에 여름의 불볕더위에도 시원하고 겨울의 한파에도 따뜻함을 유지할 수 있었다.

어려웠던 건 전기 작업이었다. 조명 전체를 교체한 경험이 있어서 쉽게 할 수 있을 줄 알았지만, 콘센트를 교체할 때 선을 잘못 연결해 '펑' 소리와 함께 차단기가 나가버렸다. 놀란 마음에 바로 전기 기술자를 불러 해결했다.

바닥 난방은 자재를 사서 유튜브 영상을 참고하며 직접 설치했고 친환경 페인트와 장판으로 내부를 마감했다. 직접 목재상에 가서 자재를 사 와 데크와 비를 피할 수 있는 작은 처마도 만들었다.

공사를 할 때마다 온몸이 근육통에 시달리며 밤새 끙끙 앓아눕기도 했다. 자재 비용은 예상보다 훨씬 더 많이 들었고 전문가가 아니다 보니 시간이 오래 걸렸다. 그때마다 '업체에 맡길걸' 하며 후회도 하고 사는 게 왜 이렇게 고된지 모르겠다고 생각했다. 하지만 스스로 벌인 일이니 끝까지 책임지고 해내겠다는 마음으로 포기하지 않았다.

묵언은 치유 프로그램에 참여하며 몸과 마음을 이완하는 공간이다. 사람들이 모이면 각자 자신의 이야기를 하느라 바쁘기 마련이지만 사찰에서 요가와 명상 수련을 할 때는 법당 안에서 묵언이라 말없이 눈인사와 합장만으로 마음을 나눌 수 있어서 편안했다.

차담 시간에도 말을 하고 싶지 않으면 뒤쪽으로 물러나 가만히 앉아 있어도 괜찮았다. 강요 없는 편안함 속에서 고요히 함께하는 에너지가 좋았다. 이곳도 그런 공간이 되길 바라는 마음으로 이름을 묵언이라고 지었다.

에어비앤비와 네이버 플레이스에 예약을 할 수 있도록 등록했다. 묵언의 예약 규정은 다소 까다롭다. 바비큐와 같은 소음을 유발하는 활동은 허용되지 않으며 술을 마시러 오는 손님은 받지 않는다. 맑은 몸과 마음을 위해 금연과 금주를 권장하고, 객실에는 TV 대신 읽을 책이 준비되어 있다. 게스트들은 깊은 대화를 나누거나 책을 보며 시간을 보내곤 한다.

아침은 숲 명상으로 정신을 맑게 깨우고 저녁에는 차담과 함께 명상과 더 깊은 이완을 위한 사운드 테라피가 진행된다. 밤에는 자신을 돌아보는 시간을 보내며 자연 속에서 온전한 휴식을 누린다.

숙소의 분위기와 비슷한 조용하고 차분한 성향의 손님들이 주로 오다 보니 늘 고요함을 유지할 수 있다.

혼자만의 시간을 보내러 온 손님은 명상을 마친 후 정말 오랜만에 잠을 푹 잤다며 고마움을 표현한다. 타인을 행복하게 하면서 자신도 행복해질 수 있는 일을 하는 것은 정말 감사한 일이다. 사람의 이타심은 이기심을 가장한 경우가 많다. 이를 이기적 이타주의라고 하는데 자신이 행복해지기 위해 다른 사람을 돕는 행동은 결국 이기심을 채우면서도 이타적인 결과를 낳는다.

방명록을 읽다 보면 마치 한 권의 깊이 있는 책처럼 느껴진다. 비슷한 마음으로 방문한 게스트들은 그 안에서 위로를 받기도 하고 때로는 눈물을 흘리며 마음이 치유되는 경험을 하곤 했다.

'이곳에서 내면을 들여다보는 시간이 새롭게 시작할 용기를 얻었다'라는 문장이 자주 등장했다. 이는 명상이 삶의 방향을 찾는 데 중요한 나침반이 되었음을 보여주었다. 묵언에 머무는 동안 마음이 자유로워지는 경험을 할 수 있다면 그것만으로 충분하다. 자등명법등명自燈明法燈明이라는 말이 있다. 스스로가 빛이 되어 내면의 진리와 깨달음을 찾고 그것을 의지하여 나아가길 바란다.

여행자들이 남긴 글을 읽을 때마다 누군가의 삶을 더 의미 있게 만드는 역할을 하고 있음을 실감한다. 새로운 다짐을 담은 글을 남기기도 하고 때로는 다음 여행자를 위한 따뜻한 응원의 메시지를 남기기도 한다. 자신의 안녕을 넘어 타인을 위한 자애로운 마음을 안고 떠나는 모습을 볼 때면 가슴속에서 뭉클한 감정이 일어난다.

문장은 서로에게 위로가 되었고 감정은 깊은 여운을 남겼다. 치유와 성찰의 시간을 선사하는 이 공간에서 우리는 서로의 경험을 나누며 성장한다. 한 글자 한 글자 남겨진 사유의 흔적을 따라 마음을 여행해 본다.

제주에서 개인전을 열다

예술을 통해 사람들과 깊은 연결을 맺으며
나의 여정을 나누는 기회를 만들었다

누추하지만 들어오세요

작은 시골집에서 열린 전시회는 사람들을 잇는 따뜻한 연결의 시작이었다. 귀덕리 작은 이층집에서 전시회를 열었다. 1층에 비어 있던 공간을 작은 갤러리로 꾸미고 '누추하지만 들어오세요'라는 제목으로 제주 풍경을 담은 작품들을 전시했다. 시골집에 마실 가는 기분으로 편안하게 그림을 보러 올 수 있도록 하자는 생각이었다.

전시는 사람들에게 신선한 매력을 전달했고 여러 언론사에서 인터뷰 요청이 들어왔다. 한 신문에서는 전면 기사로 다뤄주기도 했다. 어느 날 한 할아버지가 그 인터뷰가 실린 신문을 들고 찾아왔다. 고향에 이렇게 좋은 공간이 생겼다며 궁금해서 방문했다고 하셨다.

귀덕리 마을 풍경이 담긴 그림 앞에서 할아버지는 한참을 바라보다 오래된 기억을 되새기며 이야기를 풀어놓으셨다. 길 건너 마당이 넓은 주택은 수십 년 전 의원이었고 포구 옆 창고는 전통 제사를 지내던 할망당이라는 이야기는 정겨운 추억이었다. 고향에 이런 공간을 만들어줘서 고맙다는 따뜻한 말을 전해주셨다.

전시장에는 특별한 방문객들이 찾아왔다. 제주에서 뮤지컬 공연을 마친 배우들이었다. 그림을 감상한 뒤 함께 차를 마시며 작품에 관한 이야기를 나누었다. 퇴사 후 새롭게 시작한 작품 활동을 진심으로 응원해 주었고 따뜻한 격려는 큰 힘이 되었다.

이 전시를 통해 인근 주민들과도 인사를 나누며 지역 사회와의 연결 고리를 만들고, 실질적으로 소통하는 기회로 이어졌다. 혼자 조용히 작업만 했다면 내가 이곳에 살고 있다는 사실조차 아무도 몰랐을 것이다. 그림을 통해 이곳에서 어떤 역할을 할 수 있을지에 대해 더 깊이 고민하게 되었다.

부름

네팔에 머물던 어느 날 호수에서 카약을 타고 돌아와 따뜻한 진저레몬티를 마시고 있었다. 평온한 시간 속에서 여유를 즐기고 있던 찰나 핸드폰에 메시지가 왔다.

"축하합니다. 작가로 선정되었습니다."

여행을 떠나기 전 기획전 공모에 지원서를 제출했던 일이 떠올랐다. 사람들이 많은 카페라 혼자 내적 댄스를 추며 기쁨을 만끽했다. 전시가 열리게 된 곳은 제주 서귀포에 있는 갤러리 호텔로 예술과 문화가 융합된 공간이었다.

호텔 갤러리에서 한 달 동안 개인전의 기회와 함께 도록 제작, 전문 큐레이터가 진행하는 도슨트 투어, 홍보, 50만 원 상당의 숙박권까지 전폭적인 지원을 받게 되었다. 이런 기회가 나에게 오다니 꿈만 같았다. 가장 많은 방문객이 찾는 여름 성수기를 전시 기간으로 선택하고 밤낮없이 그림에 몰두하며 준비했다.

'부름' 전시는 제주의 구석구석을 발끝으로 직접 느끼며 명상에 잠긴 순간, 가장 차분한 상태에서 바라본 제주의 풍경을 캔버스에 담았다. 파도가 일렁이고 바람이 불어도 그 안에는 여전히 정적이 흐른다. 움직임 속에 숨겨진 고요함을 담은 작품은 마치 바람이 지나간 후 남은 여운처럼, 관객들이 작품을 감상하는 동안 자신도 모르게 마음속에 고요함이 스며드는 경험을 선사했다.

전시장은 많은 사람들이 찾았지만 그중에서도 특히 기억에 남는 관객은 나를 손녀처럼 예뻐해 주셨던 예술어탁회 선생님들이었다. 다 함께 전시장을 찾아주시고 식사하는 자리에서 서귀포 예술어탁회라는 이름이 적힌 봉투를 건네주시며 '덕분에 좋은 추억이 하나 더 생겼다'라고 말씀하셨다.

진심은 마음 깊이 스며들었다. 혼자 애쓰던 날들 속에서 선생님들이 전해준 따뜻한 응원은 큰 위로가 되었고 계속해서 앞으로 나아갈 용기를 주었다.

구젱기 딱살에 들어앉은 집게

이 전시는 집게처럼 끊임없이 자리를 찾아가는 나의 이야기였다. 라이프스타일 브랜드 1300K의 제주 갤러리에서 개인전을 하게 되었다. 조용한 중산간 마을 송당리에 자리한 이곳은 카페와 함께 운영된다. 햇살이 은은하게 스며드는 창가에 앉아 커피를 마시며 여유를 즐길 수 있는 공간으로 그 자체로 하나의 예술적 경험을 제공하는 곳이었다.

구젱기 딱살에 들어앉은 집게는 제주 사투리로 소라껍데기 안에 들어앉은 집게를 뜻한다. 이 집 저 집을 옮겨 다니며 살아가는 집게가 마치 원하는 삶을 찾기 위해 떠돌아다니는 내 모습 같았다. 그 집게가 경험한 여정을 따라가며 묵묵히 마주했던 아름다운 순간과 감정을 작품에 담았다. 소라껍데기를 떠나 자신만의 자리를 찾아가는 과정에서 발견한 자유를 전시를 통해 함께 느낄 수 있기를 바랐다.

갤러리의 여유롭고 온화한 분위기는 작품과 자연스럽게 어우러졌다. 많은 여행자는 일상의 분주함에서 벗어나 작품을 감상했다. 지인들이 작품 앞에서 찍은 인증 사진을 보내올 때마다 이곳에서의 삶이 조금씩 일상이 되어가고 있음을 실감했다.

전시가 끝난 후 테이블에 앉아 창가를 바라보았다. 바람에 흔들리는 나무와 햇살이 따스하게 스며드는 풍경은 그동안 제주에서 보냈던 시간과 경험을 떠올리게 했다.

작품이 빛나게 뒤에서 애써준 모든 스태프분들께 감사한 마음이 들었다. 작품을 준비하며 겪었던 고민과 즐거움, 때로는 어려운 순간들이 모두 이 공간에서 느꼈던 감정들과 얽혀 하나의 소중한 경험이 되었다.

예술이 하고 싶어서

예술가로서의 길은 불확실하지만
스스로 문을 두드릴 때 새로운 가능성이 열린다

작업에만 집중하며 살고 싶었지만, 생업이 먼저라 작품 활동은 한없이 뒤로 미뤄지고 있었다. 이 시기에 코로나19가 발생했다. 대부분 시간을 집안에 머무르게 되면서 지금이야말로 작업할 수 있는 좋은 타이밍이라는 생각이 들었다.

코로나19와 디지털 기술 발전은 예술인들에게 새로운 전환점을 가져왔다. 비대면 환경에서 작업 방식을 고민하던 중 온라인 미디어 예술활동 지원사업을 발견했다. 이 사업은 오프라인 예술을 온라인으로 확장하고 디지털 관객들과 소통할 기회를 제공했다. 기존의 방식에 얽매이지 않으며 디지털 매체를 통해 더 많은 대중에게 다가갈 가능성이 열린 것이다.

지원사업 서류작업 경험이 없어 어렵게 느껴졌지만 더 미루면 작업을 다시 시작할 기회가 없을 것 같아 어떻게든 해야겠다고 결심했다. 불확실한 미래에 대한 걱정이 계속 떠올랐지만 지금 할 수 있는 일에 집중하기로 했다.

우선 예술인 활동증명을 등록했다. 한국예술인복지재단에서 제공하는 이 증명은 예술인으로서 활동을 공식적으로 인정받을 수 있는 증명서다. 예술인 패스를 발급받으면 이를 통해 예술인 건강 보험, 연금, 의료비 지원 등 사회적 지원을 제공하여 안정적인 생활을 돕는 복지 혜택과 다양한 지원 사업에 참여할 수 있다.

처음 지원 사업에 도전할 때는 많은 시간과 노력을 들여 서류를 준비하고 사업 계획서를 작성하는데도 어려움이 많았다. 그 과정에서 무엇부터 시작해야 할지 어떻게 정리해야 할지 막막하기도 했다.

가장 먼저 해야 할 일과 그 목적을 명확히 정리했다. 명상과 치유, 자연과 사람을 연결하는 예술치유 콘텐츠라는 방향성을 설정했다. 어떻게 하면 예술치유가 사람들에게 내면의 변화를 가져다줄 수 있을지, 그 효과와 가치를 구체적으로 설계하려고 했다.

당시 격리로 인한 고립으로 인해 '코로나 블루'라고 불리는 우울한 감정이 사회적으로 퍼지는 상황이었다. 예술을 통해 사람들의 마음에 긍정적인 변화를 일으킬 방법을 고민했고 〈예술치유 콘텐츠를 통한 심리 방역 모델 구축〉이라는 주제를 정했다. 이는 심리적 안정을 돕고 어려운 상황에도 작은 성취를 경험하며 회복할 수 있다는 믿음에서 출발한 아이디어였다.

접수 마감일이 다가올수록 부담감이 커졌지만, 최선을 다해 내용을 정리한 후 지원서를 제출했다. 원래는 인터뷰 심사가 있지만 팬데믹 초반이라 서류 심사로만 진행되었다. 얼마 후 지원 사업에 선정되었다는 문자를 받고 즐거운 마음으로 콘텐츠 촬영 준비를 시작했다.

첫 직장의 사수이자 나와 오랜 시간을 함께하고 있는 영은 언니가 촬영과 편집을 맡았다. 보성으로 이사를 하고 곧 언니도 가족들과 함께 시골에 귀촌했다. 나란히 앉아 철야를 하던 우리가 이제는 시골에서 함께하고 있다.

콘텐츠를 하나씩 제작할 때마다 무기력함에서 벗어나며 활력이 생겼다. 대부분 야외 촬영이었는데 시골은 지나가는 사람조차 없어 마스크 없이 자유롭게 다닐 수 있었고 모든 과정이 즐거웠다. 촬영과 편집 등 필요한 기술들을 배우고 성장했다는 점이 가장 큰 성과였다. 이 경험은 향후 작품 활동에 대한 방향성을 잡는 데 도움이 되었다.

총 5편의 예술치유 콘텐츠가 유튜브에 업로드되었다. 물리적 거리가 있음에도 불구하고 예술을 통해 사람들의 마음을 치유할 방법을 찾고자 했던 의도를 실현할 수 있었다. 예술이 사람들에게 여전히 깊은 영향을 미칠 수 있다는 가능성을 확인했고 새로운 환경에서 디지털 콘텐츠를 통해 사람들과 의미 있는 교감을 나누었다.

프로젝트가 끝난 뒤 정산과 성과 보고 과정이 남아 있었다. 영수증과 서류를 정리해놨어야 했지만 모든 서류가 뒤섞여 정산하는 데 오랜 시간이 걸렸다. 이전까지는 혼자서 자유롭게 작업을 해왔기 때문에 행정적인 과정에 익숙하지 않았다. 처음엔 복잡했지만 두 번째부터는 수월하게 할 수 있었다.

최근 몇 년간 개인으로 예술인 창작지원금, 청년예술인 지원, 예술 활동 준비금 등 문화예술지원 사업에 선정되어 총 3,700만 원을 지원받았다. 나도 매번 지원 사업에 선정된 것은 아니었고 떨어진 적도 있었다. 이 또한 중요한 경험이었다. 선정되지 않았던 사업은 부족한 부분을 돌아보게 하고 더 철저한 준비를 하도록 했다.

필요한 도움을 받기 위해서는 먼저 스스로 문을 두드려야 한다. 창작의 길은 불확실하고 어려운 순간이 많지만 사실 누구나 그런 감정을 한 번쯤은 느낀다. 지금 하고 싶은 작업이 있다면 망설임에 주저하지 말고 그 이야기를 세상에 들려줬으면 한다. 적어도 여기 한 명은 그 이야기를 기다리고 있다.

파리에 전한 한국 전통 탱화

파리에 한국 전통 탱화가
전시되었다

문화예술지원사업의 정시 공고가 올라오자 고민에 빠졌다. 청년예술인 1차 지원을 받았지만, 몸이 아프게 되면서 2차 지원은 포기해야 하나 고민하던 그때 핸드폰에 메시지가 왔다.

"우리 보성 여행 가는데 얼굴 보자!"

제주에서 함께 프리마켓을 나갔던 Sunny 언니와 그의 짝꿍 미디어 아티스트 Antoine이 함께 놀러 왔다. 이 친구들은 프랑스로 떠나기 전 국내 여행 중이었다. 오랜만에 만나 이야기를 나누던 중 함께 재미있는 작업을 해보자며 마음을 모았다.

탱화를 중심으로 인터랙티브 미디어아트를 만들어보기로 했다.

이 프로젝트를 통해 서로의 영역을 확장하며 전통과 현대 기술이 결합된 새로운 형태의 예술을 만들어보고자 했다.

명상하는 보살의 모습을 창작 탱화로 그리며 문화재 제작 방식과 같은 기법을 적용했다. 그 위에 7가지 차크라 에너지를 표현한 미디어아트를 맵핑으로 구현하는 과정은 서양화를 전공한 나와 프랑스 국적의 Antoine에게 완전히 새로운 도전이었다.

청년예술인 지원은 젊은 예술가들이 작품을 실현하는 데 필요한 기반을 마련해 주는 제도다. 예술 활동을 지속하기 위한 금전적인 부담을 덜어주어 작업에 몰두할 수 있도록 돕는다. 새로운 작업의 초기 창작 단계에서도 중요한 경험을 쌓을 수 있는 발판이 된다. 지원금은 주로 재료비, 공연·전시 준비 비용, 공간 대여비 등 작품 제작과 발표에 필요한 실질적인 비용에 사용된다.

다양한 분야의 청년 예술가들이 지원할 수 있으며 나는 2년 연속 선정되어 총 1,700만 원을 지원받았다. 지원 가능한 연령대와 지원금은 매년 변경되며 지역재단마다 상이하므로 정확한 정보는 각 지역 문화재단 홈페이지에서 확인할 수 있다.

2차 지원도 1차와 마찬가지로 사업 계획서를 제출하고 문화재단에서 프레젠테이션을 진행한 후 선정되어야 지원금을 받을 수 있었다. 내성적인 성격이라 심사위원들 앞에서 발표해야 하는 일은 매번 힘들었다. 시작하기 전 살짝 과호흡이 왔지만 금세 마음을 가다듬고 끝까지 발표를 마쳤고 2차 지원도 받을 수 있었다.

이 프로젝트의 이름은 〈치유의 예술 명상 공화: 허공에 핀 꽃〉이다. 우리는 허공에 피는 꽃처럼, 그 존재하지 않는 허상을 추구하며 공허한 마음에 집착한다. 그 집착 속에서 스스로 이름을 붙이고 상을 떠올리는 명상名狀을 통해 괴로움을 느끼게 된다. 이것을 내면의 평화와 명료함을 찾는 정신적 수행인 명상冥想을 통해 타파하고 온전한 본래의 마음자리로 돌아오는 작품이다.

전통 회화인 탱화를 기반으로 작품을 연구하고, 그 안에 차크라 에너지의 해석을 담아 대중에게 따뜻한 위로와 예술적 치유를 표현했다. 전통, 인간, 기계 간의 상호작용을 고민하며 탱화 작품에 자율 설치를 위한 연결된 객체를 설계하고, 프로토타입을 디자인하여 관객과 작품이 섬세하게 교감을 나누는 경험을 만들었다. 이를 통해 관객들이 작품 속에 자연스럽게 몰입하며 치유의 순간을 느낄 수 있도록 했다.

한국의 전통 불화인 탱화는 부처님이나 보살의 모습을 담고 있으며 섬세하고 화려한 색감이 특징이다. 탱화와 차크라 이론을 공부한 후 설명하면서 이를 어떻게 미디어아트로 섬세하게 표현할지 한국과 프랑스에서 수시로 화상 회의를 통해 아이디어를 교환했다.

프랑스의 오래된 궁전과 페스티벌에서 프리뷰를 진행한 후 한국에서 전시하기 위해 친구들이 입국했다. 미디어아트 작품이란 인지를 하지 못하도록 빔프로젝터는 나무틀 안에 숨기고, 관람객들이 한 명씩 작품을 감상할 수 있도록 자리를 마련했다. 전시는 성공적이었다. 친구들이 돌아가고 한참 뒤 프랑스에서 소식이 왔다.

"우리 파리에서 전시하게 되었어!"

가슴이 두근두근 뛰었다. 한국의 전통 탱화 작품이 파리의 브루주아 거리의 갤러리에서 전시된다니. 일 년 동안 고생해서 준비했던 작업이 파리에서 선보여진다는 생각에 감격이 밀려왔다.

36 degrés와 갤러리 Carcharlot이 공동 기획한 전시였다. 작품 전시와 워크숍을 통해 다양한 시각을 나누고 관람객들과의 소통을 이어가는 기회가 되었다. 기술과 예술, 그리고 영성이 어떻게 상호작용하는지 탐구하는 시간이 되었고 한 관람객은 40분 동안이나 작품 앞에 머무르기도 했다.

이 프로젝트는 예술이 대중과 어떻게 연결될 수 있는지에 대한 중요한 탐구였다. 어떤 사람은 따뜻한 에너지가 온몸을 감싸는 듯한 편안한 느낌을 받았다고 했고, 또 다른 사람은 그리움과 위로를 동시에 느꼈다고 했다. 이러한 반응들은 작품이 사람들의 감정을 자극하며 개인적인 경험과 연결될 수 있음을 보여주었다.

프로젝트를 진행하면서 그림을 그리다가 주저앉기도 하고, 응급실에 가기도 했다. 문화재단 담당자는 당시 내 상태가 너무 안 좋아 끝까지 마무리하지 못할 수도 있겠다며 염려했었다고 전했다. 그 말을 듣고 나니 이 모든 과정을 해낸 것이 더욱 의미 있게 다가왔다. 혼자가 아닌 함께라서 가능한 기적이었다.

불안과 함께 춤을 추기로 했다

불안은
앞으로 나아가게 하는 원동력이다

나는 경증의 불안장애를 갖고 있다. 공황발작은 수년에 한 번씩 찾아오는 정도였고 길게는 7년간 괜찮았던 적도 있었다. 병원에서는 경증으로 보고 평소 스트레스 관리를 잘하고 있다고 판단하여 약물 처방은 하지 않았다. 대신 명상을 통한 인지 치료를 해왔다. 이 과정에서 불안을 에너지로 바꾸는 다양한 방법을 찾아 계속해서 실천하고 있다.

불안은 우리 삶에 늘 존재한다. 때로는 어두운 그림자처럼, 내일을 알 수 없는 막막함 앞에서 느껴지는 심장의 떨림처럼 다가오기도 한다. 하지만 불안은 경계를 허물고 익숙한 공간에서 벗어나 변화를 이끄는 원동력이 되기도 한다.

오랜 시간 요가와 명상을 통해 불안을 가만히 들여다보는 훈련을 해왔다. 그러던 중 무예 검무를 알게 되었는데 각 동작 하나하나가 정신과 신체를 조화롭게 이끄는 예술적 표현이었다. 그 속에서 불안을 몸의 움직임으로 바꾸고 마음의 고요함을 찾는 새로운 방법을 찾았다.

검을 다루는 과정에서 몸의 균형과 집중 그리고 내면의 고요함을 유지하는 것이 중요하다. 인내, 존중, 균형과 같은 깊은 가르침을 바탕으로 몸과 마음이 일체가 되는 무예를 배웠다.

불안을 마주하고 그것을 검무의 움직임으로 표현하며 평온을 찾아가는 길을 고민하다 춤 명상으로 〈불안의 춤〉 예술치유 프로젝트를 진행하기로 했다. 이 프로젝트는 불안이 치유의 출발점이 될 수 있는지 그 가능성을 탐구하는 과정이었다.

신체 활동은 뇌에서 엔도르핀과 같은 행복 호르몬을 분비시켜 기분을 개선하고 긴장을 해소한다. 몸으로 감정을 표현하는 과정에서 불안과 긴장이 자연스럽게 완화된다. 현재 이 순간에 집중하는 훈련으로 불안한 생각이나 미래에 대한 걱정을 잠시 잊게 만든다. 생각을 비우고 내면의 고요함을 되찾게 한다.

깊고 규칙적인 호흡은 자율신경계를 안정시키고 스트레스 반응을 완화하는 역할을 한다. 춤을 추며 집중하면 불안을 유발하는 신체적 반응을 조절하고 몸과 마음을 연결하는 데 도움을 준다. 불안은 억제된 감정이나 표현되지 않은 생각에서 비롯되는데 그 감정을 자유롭게 표현할 수 있도록 한다. 이를 통해 불안을 건강하게 풀어내고 감정의 흐름을 자연스럽게 끌어낼 수 있다.

검무는 마음의 상태를 춤으로 표현하는 과정이다. 검이 허공을 가를 때 내면의 복잡한 감정들이 드러나며 그 속에서 차츰 자유와 평온이 열린다. 검을 몸과 마음을 연결하는 도구로 삼아 불안 속에서 해방을 표현했다.

불안에는 두 가지 뜻이 있다. 첫 번째는 마음이 불편하고 불안정한 상태를 의미하는 불안不安이고, 두 번째는 부처의 눈으로 진리나 참모습을 보는 불안佛眼이다. 정견正見이라고도 하는데 세상과 자신을 왜곡 없이 있는 그대로 바르게 바라본다는 의미다.

이 프로젝트는 춤명상을 통해 불안을 해소하고 올바른 시각으로 마음을 바라보며 고요한 상태로 돌아가는 예술치유의 과정이다. 검무를 추는 동안 몸과 마음은 점차 하나로 이어지고 쌓였던 감정과 불안은 자연스럽게 풀려간다. 이 과정은 내면의 평화를 찾아가는 여정이다. 춤을 통해 우리는 고요한 마음을 되찾으며 자신과 깊이 연결된다.

마음속의 불안을 어떻게 바라보고 다룰지는 자신의 선택에 달려있다. 춤을 통해 몸과 마음을 하나로 통합하고 불안에서 오는 신체화 반응인 긴장과 두려움을 자연스럽게 풀어내는 방법을 배웠다.

나는 에너지가 많은 사람이라서 많은 일에 도전할 수 있었던 것이 아니다. 이 힘의 원천은 불안이다. 마음이 불안하기에 가만히 있으면 괴로워져서 이 상황에서 벗어나기 위해 움직이게 된다. 큰 부담이 되기도 하지만 그 덕분에 성장의 기회를 잡을 수 있었다.

불안은 피해야 할 감정적 장애물이 아니다. 우리는 흔히 이를 부정하거나 외면하려 하지만 불안을 마주함으로써 오히려 자신을 더 잘 이해하고 성장할 기회를 얻게 된다. 불안을 느낀다는 것은 중요한 변화를 일으킬 필요가 있다는 신호를 받는 것이다.

불안이 없다면 현재에 안주하게 되고 변화나 성장을 위한 움직임이 멈출 수 있다. 그러나 인정하고 받아들임으로써 더 큰 자유를 느끼고 새로운 에너지를 얻어 나아갈 수 있다. 불안은 앞으로 나아갈 방향을 제시하는 원동력이 되어 더 나은 길을 찾도록 이끌어준다.

우리가 살아가는 세상은 늘 불확실하고 불공정하다. 그 속에서 불안은 때로 스스로를 위협하기도 하고 깨우치게 하기도 한다. 지금 어떤 불안을 안고 있는가? 억누르려 하지 말고 어떤 형태로든 표현하다 보면 결국 자신만의 예술이 될 것이다.

나는 불안과 함께 춤을 추기로 했다.

3부

나를 선택하는 용기

선택하지 않으면 선택당한다

결정을 미루면
삶은 예상치 못한 방향으로 흐르게 된다

"조용한 분이 어떻게 이런 많은 일에 도전했어요?"

"여자 혼자 귀촌하다니, 용기가 대단하네요!"

시골에서 자유롭게 살면서 자주 들었던 말이다. 내향적인 사람들은 내면의 목소리를 들을 시간을 잘 만든다. 방에서 책을 읽거나 뜨개질만 하며 지낼 것으로 생각하겠지만, 혼자 시간을 보내는 것은 세상과의 연결을 회피하는 것이 아니다.

인생의 첫 번째 변곡점은 중학교 3학년 때 찾아왔다. 미술에 흥미를 느끼고 예술계 고등학교 진학을 꿈꿨지만 그 길은 쉽지 않았다. 시험이 한 달 남짓 남은 상황에서 지금 시작하기엔 늦었다며 미술 선생님과 학원 선생님 모두 반대했다.

담임 선생님은 같은 학교를 지원하는 다른 친구와 함께 상담실로 불렀다. 진로 상담 중 두 사람을 나란히 놓고 나에게 이렇게 말했다.

"얘는 성적이 괜찮으니 지원해 볼 만한데 넌 괜히 시험 봤다 떨어져서 상처받지 말고 그냥 포기해."

상담실 문을 열고 나오자 눈물이 주르륵 흘렀다. 그림은 내가 처음으로 간절히 원했던 일이었고 이대로 포기하고 싶지 않았다. 집에 돌아가 담임 선생님께 메일을 썼다. 낮에 들은 말에 상처를 받았고 떨어지더라도 감당할 테니 시험만이라도 보게 해 달라는 내용이었다. 선생님은 다음 날 다시 상담실로 불러 상처를 줘서 미안하다며 사과하고 입시 원서를 써주셨다.

입시 시험을 보기로 한 후 미술학원 원장님은 나에게 학원 키를 맡기셨다. 오전에는 학교에 가서 출석 체크를 하고 제일 먼저 화실 문을 열고 들어가 마지막까지 연습한 후 문을 잠그고 나왔다. 결국, 당당히 합격했고 원하는 학교에 진학할 수 있었다.

대학 졸업 후 디자이너로 일하면서도 주말마다 작업실에서 그림을 그렸다. 무명작가로 전시 기회가 없었기에 직접 전시 기획안을 작성해 제주 문화공간을 찾아가 미팅을 요청했다. 그 결과 세 군데의 공간에서 첫 번째 개인전을 열 수 있었다.

전시는 성황리에 마쳤고 방송과 라디오 인터뷰도 하게 되었다. 그림 대부분은 판매되었고 수익의 절반은 독립영화 제작에 후원했다. 이 전시 경험은 이후 카카오 한남동 사옥에서의 개인전으로 이어지며 작가로서 중요한 전환점이 되었다.

우리는 늘 완벽해야 하고 좋은 일만 일어나야 한다고 믿으며 자신을 점점 옥죄어 간다. 이런 마음에 갇히면 기회가 와도 쉽게 움츠러들게 된다. 신중함은 필요하지만 마음을 편히 가져도 괜찮다.

작은 시작이 때로는 소중한 경험으로 이어진다. 불확실함과 두려움을 마주하면서 자신을 알아가는 여정이 시작된다.

한때 성공이라 여겼던 일들이 시간이 지나면서 어느 순간 실패처럼 느껴지기도 하고, 반대로 실패라고 생각했던 일이 새로운 기회로 다가오기도 한다.

예측할 수 없는 다양한 경험을 쌓아가면서 삶의 흐름을 타고 노는 것은 정말 재미있는 일이다. 어떤 일이든 과정 자체를 즐길 수 있다면 경험은 한 단계 더 성장할 수 있는 밑거름이 된다. 특히 새로운 것을 배우고 기획하다 보면 경험은 확장되며 가능성도 그만큼 넓어진다.

우리는 새로운 시작 앞에서 늘 핑계를 댄다.

'지금은 아닌 것 같아.'

'이건 내 능력 밖이야.'

'아직 준비되지 않았어.'

'실패하면 어떡하지.'

익숙한 환경에서 벗어나려 할 때 변화에 대한 두려움이 커지고 정당화하려는 마음에서 핑계가 생긴다. 사람은 안전을 추구하며 제자리에 머무르려는 습성이 있다. 도전하고 싶은 마음은 있지만 머뭇거리는 사이에 생겨나는 수많은 핑계로 결국 움직이지 못하게 된다.

변화는 언제나 불확실성을 동반하지만 사실 진짜 두려워해야 할 것은 기회를 놓치는 일이다. 시간이 지나면 모든 과정은 경험으로 남는다.

지금까지의 경험을 되돌아보면 모든 길에서 실수와 실패는 오히려 삶을 더 풍요롭게 만드는 자양분이 되었다. 배움과 성장의 기회를 얻었고 그 덕분에 새로운 도전이 눈앞에 펼쳐질 때 두려움보다는 용기를 낼 수 있었다. 오늘의 작은 시작이 내일의 큰 변화를 만들어 낸다는 믿음을 가지고 흔들리지 않고 계속해서 나아갈 수 있다.

우리가 핑계를 대고 있을 때 삶은 그만큼 멈춰 있다. 작은 발걸음이라도 내디딘다면 그 길은 어느새 자신만의 길로 변해 있을 것이다. 스스로 선택하지 않으면 삶은 계속해서 타인에 의해 흘러간다.

도망친 곳에 낙원이 없어도

도망침은 끝이 아니라
새로운 시작을 위한 기회다

 퇴사하고 새로운 일을 시도하려는 사람들은 종종 이런 말을 듣곤 한다. '도망친 곳에 낙원은 없다.' 이 말은 어떤 상황에서도 버티고 정면으로 맞서라는 의미처럼 들린다. 하지만 이것은 나약함이나 패배가 아니다.

 잠시 숨을 고르고 다시 일어설 힘을 찾기 위한 선택이다. 언제 무너질지 모르는 집에서 불안해하며 버티기보다는 새집을 지을 자리를 찾아 들판으로 나서는 것이다.

 모든 일이 버겁고 감당할 수 없을 때 잠시 멈추는 것도 용기가 필요하다. 과거에는 일상이 전쟁처럼 느껴졌다. 그 상황에서 한 발짝

물러서지 않았다면 결국 무너졌을 것이다. 도망친다고 해서 모든 문제가 해결되지는 않지만 회복할 시간을 만들어 준다.

매일 철야를 하며 일하던 어느 날 아침 눈을 떴을 때 극심한 피로와 두통이 몰려왔고 움직이는 것조차 힘들었다. 과로로 병원에 가서 수액을 맞는 중에도 머릿속은 온통 일로 가득했다.

웬만하면 하루 쉬고 싶었지만 결국 회사로 출근해 밤 10시까지 야근을 했다. 그 시간에 집에 가면서도 새벽까지 남아 있을 팀원들에게 미안한 마음이었다. 그렇게 자신을 몰아붙이다 보니 결국 번아웃을 겪게 되었다.

극도의 스트레스와 긴장이 반복되면서 신체에도 이상 신호가 나타났다. 온종일 긴장된 상태로 있다가 잠자리에 들다 보니 수면 중에 이를 악물어 턱관절에 무리가 갔고, 손을 꽉 쥐고 자면서 아침에 일어나 보면 손바닥에 손톱자국이 선명하게 남았다.

서울을 떠나 도착한 제주는 긴장으로 굳어 있던 몸과 마음을 천천히 풀어주었다. 도망친 곳에서 낙원을 찾으려 한 것은 아니었다. 그저 다시 일어설 힘을 얻고자 했다.

투명하고 맑은 옥빛 바다 위에 반짝이는 윤슬은 마치 더는 버티지 않아도 된다고 위로해 주는 것 같았다. 회사라는 울타리 안에서 톱니바퀴처럼 끊임없이 돌아가던 삶에서 벗어나는 순간이었다.

다시 붓을 들고 그림을 그리면서 멈췄던 시간이 다시 흐르기 시작했다.

해답을 찾으려 한다면 실망할 수도 있다. 모든 상황에 대한 완벽한 답은 없으며 때로는 예상과 다르게 흘러간다. 그러나 불확실한 상황 속에서도 앞으로 나아가는 법을 배우게 된다. 문제를 해결하기 위한 다양한 방법을 시도하고 경험을 쌓으며 성장한다. 계속해서 나아갈 힘을 얻는 과정이 중요하다.

바람이 불어오는 방향에 가만히 얼굴을 기울였다. 오름과 숲길을 걸으며 숨을 들이마시는 순간마다 에너지가 채워지는 듯했다. 어떤 삶을 꿈꾸는지 깊이 생각할 여유가 생겼다.

'무엇이 나를 회복시키고 다시 앞으로 나아가게 할까?'

그 답은 바람 속, 억새밭의 부드러운 흔들림, 그리고 한 걸음 내딛는 발걸음에서 찾았다. 불확실한 길이지만 조금씩 나아가고 있었다.

이 시간은 마침표가 아닌 쉼표일 뿐, 그 뒤에는 새로운 문장을 써 나갈 기회가 있다. 단순한 도피로 끝나지 않았던 이유는 그 자리에서 자신과 마주할 용기를 냈기 때문이다. 한계를 인정하고 무엇을 좋아하고 받아들일 수 있는지 알게 되었다.

이곳에서 배운 것들은 새로운 통찰과 가능성을 선물해 주었다.

문제를 회피하는 것이 아니라 문제와 나 사이에 거리를 두고 객관적으로 바라볼 수 있는 여유를 주었다. 잠시 물러섰을 때 그동안 보지 못했던 새로운 길과 해답이 보이기도 한다. 마음을 다독이고 내면을 정리하는 시간을 통해서 진짜 자신의 목소리를 들을 수 있었다.

불확실성을 마주할 때 그것을 해결하려는 마음보다 먼저 받아들이고 관찰하는 것이 중요했다. 그렇게 한 발자국 물러서서 바라볼 수 있는 마음의 여유를 가지면 해결책은 자연스레 찾아오게 된다.

도망친 곳에서 시작한 작은 도전들은 새로운 가능성을 열어주었다. 지금까지 해온 것들은 모두 그 속에서 발견한 새로운 길이었다. 첫걸음은 자신이 원하는 삶을 진지하게 바라보는 것에서부터 시작된다. 지금 숨을 고를 시간이 필요하다면 자신에게 물어보자.

'내가 행복해지는 일은 무엇인가?'

'이 선택이 나를 위한 최선의 결정인가?'

가고자 하는 길에 명확한 지도가 없다면 직감과 경험을 믿는 것도 좋은 방법이다. 도망은 종착지가 아니라 과정이다. 잠시 멈춰 서서 재정비할 기회가 주어진다면 새로운 가능성과 방향을 발견하게 될 것이다. 끝은 언제나 새로운 시작을 가리킨다.

사람들은 종종 나에게 묻는다.

"시골에 언제까지 살 거예요?"

"살아질 때까지 살다가 떠날 때가 되면 떠나겠지요."

삶은 늘 계획대로 이루어지지 않는다. 떠나고 싶다 해도 떠나지 못할 상황들이 생기고 오래 살고 싶다고 또 계속 살아지는 것도 아니다. 주어진 상황과 환경은 끊임없이 변하기에 때로는 내가 선택한 방향에서 '물 위에 떠내려가는 나뭇잎이요' 하는 마음으로 인연의 흐름에 따라 살아가고 있다.

취향의 발견

―

취향을 찾는다는 것은
진짜 나를 알아가는 과정이다

우리는 어느 세대보다 다양한 선택지와 풍요로운 자원을 가진 시대에 살고 있지만 아이러니하게도 취향을 찾지 못하거나 정체성을 확립하지 못하는 경우가 많다.

어떤 책을 읽을지 어떤 영화가 울림을 줄지 자신에게 질문하는 시간이 필요하지만 고민할 여유가 없다. 진짜 취향을 탐구하기 전에 지치고 표면적인 유행에 머무르고 마는 것이다.

취향은 단지 좋아하는 색이나 취미를 아는 것에 그치지 않는다. 내면 깊숙한 곳에 숨어 있는 이야기를 하나하나 꺼내어 보며 때로는 그 속에서 웃음을 때로는 눈물 나는 감정들과 마주하며 온전히 받아들이는 과정에서 알아갈 수 있다.

시골에서 보낸 첫 번째 겨울, 적막하고 고요한 환경 속에서 홀로 자신과 마주하게 되었다. 시각적이나 청각적 자극 없이 허허벌판에 홀로 덩그러니 놓인 기분이었다.

기억 속에 묻어두었던 모습들과 외면해 왔던 두려움을 하나씩 마주하며 억지로 바꾸려 하지 않고 그대로 받아들이기로 했다.

소셜 미디어를 보면 누군가는 예쁜 카페를 찾아다니며 브런치를 즐기고 캠핑이나 운동 같은 취미를 자랑한다. 이런 것을 반복해서 보면 자신이 초라하게 느껴지기도 하고 '요즘은 저런 걸 좋아해야 하지 않을까?'라는 생각이 자연스럽게 들기도 한다. 타인의 기준에 맞추게 되는 것이다.

자신이 좋아하는 것이 다른 사람들에게 멋지게 보이는지 추구하는 취향이 세련되고 유행에 뒤처지지 않는지 끊임없이 생각한다. 하지만 취향은 본래 남의 눈을 의식하는 것이 아니다. 자신에게 편안함과 기쁨을 주는 것, 새로운 것을 시도하고 좋아하거나 싫어하는 것을 구분하는 과정에서 형성된다. 반복적인 생활 방식 속에서는 새로운 경험을 시도하기가 어렵다.

시골에 살면서 다양한 교육의 기회가 없어 아쉬웠는데 팬데믹 기간에 온라인 강의가 활성화되면서 다양한 취미에 도전할 수 있게 되었다. 줌으로 탱화를 배우고 온라인 플랫폼을 통해 원예 심리치료, 해금, 스테인드글라스, 한국무용에 도전했다. 멀리 밖에 나가지 않아도 집에서 편안하게 배울 수 있는 시대가 온 것이다.

막상 해금은 생각보다 어려웠고 탱화는 적성에 잘 맞아 이후 문화예술재단 사업 지원을 받아 작품 활동으로 이어지기도 했다. 배움은 일상을 더욱 다채롭게 했다.

취향은 어떤 물건을 고르고 어떤 활동에 마음이 끌리며 어디에서 편안함을 느끼는지를 통해 나타난다. 이런 선택들이 쌓이고 연결되면서 자신만의 방식으로 세상을 표현하는 언어를 만들게 된다.

일상에서 좋아하는 음식, 향기, 색 등에 집중하며 소소한 기쁨을 탐구해 보자. 소셜 미디어에서 보이는 타인의 삶은 편집된 이야기라는 점을 기억하고 자신의 기쁨에 집중하며 관심 있는 분야의 책을 읽어보는 것도 좋은 방법이다.

취향을 찾는 방법이 있다. 우선 작은 시도부터 시작하는 것이다. 새로운 취미나 활동을 시도할 때 결과가 완벽하지 않아도 괜찮다. 다양한 경험을 통해 어떤 것에 끌리는지 무엇을 좋아하는지 알게 되는 과정이다. 그리고 감각에 집중하는 것이다. 일상 속에서 어떤 자극에 반응하는지 어떤 음악, 장소에서 편안함을 느끼는지 살펴보자.

마지막으로 타인의 기준을 내려놓고 자신만의 기준을 따르는 것이다. 이 방법을 통해 취향을 찾는 과정은 어렵지 않다. 자신을 조금씩 알아가며 진짜 원하는 것을 발견하는 것이다.

　나는 오랫동안 산보다 바다를 좋아한다고 생각했다. 바닷가 마을에 살며 시원한 바람과 파도에 위로받던 순간들을 떠올리면 분명 바다가 좋았다. 하지만 시간이 지나면서 울창한 나무 아래서 숨을 고르며 느낀 숲의 고요함에 더 안정감을 느꼈다. 흙냄새를 맡으며 마주하는 숲은 바다와는 또 다른 매력이 있었다.

　이 과정은 단지 한 번의 결정으로 끝나지 않는다. 시간이 흐르고 경험이 쌓이면서 취향도 자연스럽게 변화하고 성장한다.

　지속적인 탐구와 자기 발견의 과정이며 새로운 취향을 받아들이고 실험하는 것 자체가 자신을 성장시키는 중요한 단계다. 원하는 삶을 더욱 분명하게 정의하고 그 삶을 살아가는 힘이 된다.

　모든 시도가 항상 성공하는 것은 아니지만 그 과정에서 더 나은 선택을 할 수 있는 길을 열어주었다. 마라탕처럼 자극적이고 화려한 것보다 능이백숙처럼 묵직하고 슴슴한 것이 내 취향이다. 이를 통해 삶은 단순해졌다.

리틀 포레스트와 현실 사이

시골은 영화 속 한 장면처럼
감성으로만 살 수 있는 곳이 아니다

영화 〈리틀 포레스트〉가 나오면서 온라인에서는 감성적이고 따뜻한 느낌의 시골 브이로그 콘텐츠들이 인기를 끌었다. 사람들이 상상하는 시골은 마치 영화 속처럼 잔잔하고 감성 가득한 모습일 것이다.

도시의 번잡함을 벗어나 자연 속에서 손수 기른 채소로 끼니를 해결하고, 꽃으로 파스타를 만들어 먹으며 예쁜 시골집 마루에 앉아 생각을 정리하는 그런 아름다운 풍경 뒤에는 고된 노동과 현실적인 어려움이 있다.

처음에는 영화나 드라마 속 주인공들이 삶의 본질을 찾고 자아를 발견하는 것처럼 나도 무언가 중요한 것을 찾을 수 있기를 바랐다. 그러나 시골에서 오랫동안 살면서 가장 크게 얻게 된 것은 생존 능력이었다.

멀리서 바라보는 시골의 모습은 마치 하이라이트만 올려놓은 인스타그램 피드와 같다고 할 수 있다. 여행이 실제 삶이 되면 예상치 못한 현실적인 경험들이 따른다.

예를 들어 수확이 끝난 후의 풍경이 다르게 보일 수 있다. 드넓은 논을 태울 때는 엄청난 연기가 마을까지 퍼지고 연소 과정에서 발생하는 미세먼지와 유해 물질들이 대기 중으로 퍼지기도 한다.

이것은 심각한 건강 문제를 일으킬 수 있다. 건강한 삶을 위해 시골로 귀촌을 선택했지만 오히려 건강에 문제가 생기는 경우가 생각보다 많다.

우리 동네는 짜장면조차 배달되지 않는 시골 중의 시골이다. 배달 앱을 열면 '텅'이라고 뜬다. 식당은 7시가 넘어가면 마감하는 곳도 많다. 해가 지면 밖에 나가서 시간을 보낼 곳이 없다.

정원을 예쁘게 가꾸는 일은 각종 벌레와 함께한다는 뜻이다. 봄에 꽃을 한가득 심었던 적이 있는데 온 동네 벌들이 다 날아와 마당이 양봉장처럼 되고 처마에 벌집을 지어 119의 도움을 받은 적도 있다.

시골의 일상에도 소소한 기쁨은 존재한다. 텃밭에서 채소를 기르고 마당에서 귀여운 고양이들과 함께 시간을 보낼 수 있다. 빛 공해가 없어 밤하늘을 마음껏 즐길 수 있다.

그렇다고 아름다운 풍경과 조용한 일상만 있는 것이 아니다. 그 속에는 일상적인 노동과 때로는 인간관계에서 오는 고충도 있다. 제주에서 더 시골로 들어오게 되면서 다양한 부류의 사람들과 마주하게 되는 순간들도 있었다. 드라마 〈미생〉에 이런 대사가 나온다.

"회사가 전쟁터라면, 회사 밖은 지옥이다."

적어도 회사에서는 커뮤니케이션이 원만한 사람들을 만나왔다. 물론 그 안에도 쉽지 않은 사람들은 있기 마련이지만 밖에 나와보면 회사에서 만났던 사람들이 얼마나 상식적이고 예의 바른 사람들이었는지 새삼 느끼게 된다.

관계는 시골에서 중요한 부분을 차지한다. 좋은 이웃을 만나면 일상에서 안정감을 느껴질 수 있다. 하지만 때로는 이웃과의 관계에서 갈등이 생기기도 한다. 잘 지내려 할수록 주변의 간섭이 많아질 때도 있을 것이다. 갈등을 일으키는 사람들에게는 반응하지 않는 것이 최선이다.

시골 어른들은 선이 없는 경우가 많다. 타인의 집을 내 집처럼 드나들며 마음대로 물건을 가져가거나 주인이 없을 때 폐기물을 몰래

버리기도 한다. 술에 취해 주취 난동을 피우는 경우도 있어 CCTV 설치를 권장한다. 처음엔 괜찮아도 관계가 틀어지면 불편해지는 것이 이웃이다. 뭐든 적당한 거리가 중요하다.

텃세에 대해 가장 궁금할 것이다. 나는 텃세를 그다지 경험한 편은 아니다. 주위를 보면 시골에서 가게를 열었을 때 잘 안 되면 아무도 신경 쓰지 않지만 잘되면 말도 안 되는 이유로 민원을 넣으며 배 아파한다. 텃세에는 타당한 이유가 없다. 우리 마을은 발전기금을 따로 요구한 적이 없지만 여전히 귀농, 귀촌인에게 기부금과 행사 찬조금을 강요하는 일이 많다고 한다.

반면 시골에 오래 살다 보니 때로는 필요할 때만 찾아와 도움을 받고는 그 후에 연락이 끊기는 일들도 있었다. 이제는 그저 시절 인연이 여기까지구나 하고 받아들인다. 한때나마 도움을 줄 수 있었던 것에 감사한다. 억지로 인연으로 이어가려 애쓰지 말고 보내주는 것이 좋다.

농촌은 의료시설이 낙후되어 있고 의사와 의료 장비가 부족해서 간단한 처치 외에는 인근 도시로 나가야 한다. 젊고 건강할 때 시골에서 살아보고 나이가 들면 대학병원이 가까운 대도시 근교로 이사하는 것도 좋은 선택이다.

이 글을 보고 시골에 대한 로망이 깨졌을지도 모른다. 이러한 상황에도 시골에서 얻는 여유는 현실을 감내할 만큼 충분히 가치 있다. 자신만의 방식으로 살아가며 대부분 평화로운 일상을 보낼 수 있는 기쁨은 도시에서는 느끼기 힘든 소중한 경험이다. 어떤 일이든 무조건 좋은 것만 있을 수도, 나쁜 것만 있을 수도 없다. 양면은 늘 공존한다.

정원에 만든 숲과 연못

정원을 가꾸는 것은
마음을 돌보는 과정이다

 마음을 편안하게 해주는 편백나무로 둘러싸인 조용한 숲속에 살고 싶었다. 하지만 현실적으로 혼자 멧돼지가 다니는 산에서 사는 건 어려웠고, 텃밭으로 쓰였던 열 평 남짓의 정원을 작은 숲으로 바꾸기로 했다.
 정원의 경계를 둘러 160cm 높이의 편백 묘목 스무 그루를 심었다. 정원 입구에 있는 아치에는 붉은 장미 넝쿨이 늘어져 5월이 되면 새빨간 장미가 풍성하게 피어 정원을 화려하게 장식한다. 그 아래에는 가장 좋아하는 수국을 심었다. 6월이 되면 파란 수국과 분홍빛 수국이 한가득 피어난다.

별채 입구 양옆에는 파초 묘목을 심었다. 남부 지방의 사찰에 가면 울창하게 자란 파초를 흔히 만날 수 있다. 청정과 중생 구제를 상징하는 식물로 푸른 잎을 펼쳐 진리와 수행의 지속성을 나타낸다. 깨달음을 향해 꾸준히 나아가는 수행자의 모습과 닮았으며 올바른 수행을 이어간다는 의미도 있다.

파초의 커다란 잎은 그늘을 만들어 여름 뜨거운 태양을 막아주며 강한 생명력으로 정원에 에너지를 불어넣는 존재가 된다. 작년에는 이상 기후로 파초가 4m 가까이 자라면서 커다랗고 울창한 잎이 마치 발리에 온 것처럼 이국적인 모습을 보여줬다.

정원을 가꾸는 일은 뇌와 정신 건강에 유익한 활동이다. 흙을 만지고 식물을 돌보는 과정은 신경 과학적으로 스트레스를 줄이고 행복감을 높이는 세로토닌의 분비를 촉진한다. 흙 속에 존재하는 일부 박테리아는 면역 체계를 강화하고 우울감을 완화하는 데 도움을 준다고 한다.

물을 주고 잡초를 뽑고 가지를 다듬는 행동은 단순해 보이지만 마음은 자연스럽게 현재에 집중하게 된다. 한 가지에 집중하는 사마타 명상과 비슷한 효과를 내며 심리적 안정감을 키우고 과도한 생각과 걱정을 잠재운다. 자연 속에서 이루어지는 활동은 스트레스 호르

몬인 코르티솔 수치를 낮추고 심장박동을 안정시켜 몸과 마음의 이완을 돕는다.

가끔 정원의 식물들을 돌보며 도시 사람들이 단 한 평의 정원이라도 가꿀 수 있다면 정신 건강에 유익할 것이라는 생각을 하곤 한다. 식물을 돌보면 마음이 차분해지고 자연과의 연결을 통해 여유를 찾을 수 있다.

작은 화분을 키우는 것도 좋다. 좋아하는 꽃이나 허브를 심고 정기적으로 물을 주며 성장하는 모습을 관찰하는 것이다. 시간이 지나면서 식물을 돌보는 기쁨은 자신의 성장과 연결되는 감각을 제공해 깊은 만족감을 준다. 사람과 자연의 연결을 도우려 원예 심리 치료사 자격증도 취득했다. 직접 키운 식물을 활용해 치유 프로그램을 만들어보는 것이 목표 중 하나다.

정원 가운데는 작은 연못을 만들기로 했다. 며칠에 걸쳐 삽으로 4m 길이의 땅을 파내는 동안 동면 중인 개구리가 튀어나와 깜짝 놀라기도 했다. (개구리는 모두 안전하게 옮겨주었다) 연못용 방수 비닐을 두 겹으로 깔았지만, 첫 번째 시도에서 물이 새어 나와 두 번째 시도 끝에 성공할 수 있었다.

그 결과 테니스 엘보를 다쳐서 침을 맞으러 다녀야 했다. 몸을 쓰는 일을 할 때마다 매번 이번이 마지막이라고 생각하지만, 현실은 직접 움직일 수밖에 없었다.

뭐든 혼자 해결하려는 습관이 있어 어려운 상황에서도 도움을 요청하기보다는 스스로 방법을 찾곤 한다. 작업을 시작할 땐 몰두하지만 끝난 후 몸이 보내는 신호를 무시한 탓에 회복하는 데 시간이 걸리기도 했다.

이제는 무리하지 않고 몸의 신호에 귀 기울이려 노력한다. 일과 휴식의 균형을 찾는 것이 결국 더 좋은 결과를 낳는다.

연못 바닥에는 둥근 자갈을 깔고 수초를 심으며 부레옥잠과 물배추도 놓았다. 전기를 연결할 수 없어 EM 흙 공을 넣어 자동으로 수질을 정화하게 했고 덕분에 물이 맑고 깨끗하게 유지됐다. 연못 주변의 식물들도 건강하게 자라기 시작하며 자연의 순환이 이루어지는 모습을 볼 수 있었다.

금붕어 치어 스무 마리를 연못에 넣었고 일 년 사이 손가락 하나만 한 크기로 자라났다. 연못 가운데에는 별채로 이어지는 나무다리를 놓았다. 어지러운 마음은 밖에 두고 고요하고 평화로운 마음으로 들어가도록 인도한다. 다리를 건널 때마다 마음속의 잡념이 사라지고 잔잔한 물의 흐름 속에서 편안해지기를 바라는 마음이다.

내 손으로 만든 작은 숲과 연못에서 시간을 보내며 자연의 섬세한 균형을 다시금 발견한다.

  작은 정원이지만 이렇게 살아가다 보면 나이가 들어도 눈빛이 맑은 할머니가 될 수 있을 것 같다.

고양이와 함께하기 좋은 날

나는 있다. 고양이

반려동물과 함께하는 삶에는 큰 책임이 따른다. 이사와 장기 여행을 자주 다녔기 때문에 언젠가 준비가 되면 입양할 생각이었다. 보성으로 이사한 지 일 년이 지나 어느 정도 자리를 잡은 후 드디어 새 가족을 맞이하기로 했다.

고양이 카페에 가입해 입양 공고를 찾아봤다. 그중 가장 먼저 눈에 띈 것은 카리스마 넘치는 2개월 된 코숏 고등어 고양이였다. 마치 삶에 가까운 첫인상이 너무 강렬해서 다른 고양이들은 눈에 들어오지 않았고 바로 광주로 가서 데려오게 되었다.

태어나자마자 엄마 고양이에게 버려져 탯줄이 달린 채 길에서 구조되었다. 구조자분이 초유를 먹여가며 살려 돌보다가 막 사료를 먹기 시작할 즈음 입양을 보내 우리 집으로 오게 되었다. 너무 작아서 한 손바닥 위에 올라올 정도로 작은 고양이를 품에 안고 왔다. 음식 이름으로 지으면 오래 산다는 말에 따라 소금이라는 이름을 지어주었다.

집에 도착한 소금이는 잠시 탐색을 하다가 이내 꾸벅꾸벅 졸며 포근한 이불 위에 누워 잠이 들었다. 이렇게 따뜻하고 보들보들한 귀여운 친구가 우리 집에 있다는 게 믿기지 않았다.

고양이는 점프만 잘하는 줄 알았는데 새끼 고양이 시절부터 남달랐던 소금이는 벽을 타고 도움닫기를 해서 날아다녔다. 정적인 우리 집에서 유일하게 역동적인 에너지를 뿜어내는 생명체였다.

마음이 힘들 때마다 고양이가 주는 따뜻한 존재감 덕분에 위안을 얻을 수 있었다. 늘 곁을 지키며 작은 온기를 전했다. 온종일 집에서 일하는 나와 고양이는 서로 다른 리듬으로 살아가지만 묘하게 잘 맞는다.

작업에 집중하는 동안에도 조용히 일정한 간격을 두고 내가 보이는 곳에 머물며, 지금은 글을 쓰고 있는 책상 너머 방석에 누워서 잠을 자고 있다. 이 귀여운 참견쟁이가 없었더라면 적막한 시골 생활을 혼자 견뎌내지 못했을 것이다.

지금은 7살이지만 여전히 아침저녁으로 내 명치를 밟고 우다다를 한다. 가끔은 엉뚱한 행동으로 소소하게 행복한 순간들을 만들어준다.

마당에도 고양이들이 있다. 그저 지나다니던 고양이 한 마리에게 밥을 조금 챙겨주었는데 어느 날 어미가 새끼 두 마리를 물고 와서 마당에 놓고 떠났다. 그 뒤로 어미는 모습을 감추었고 새끼들은 자연스럽게 마당에 눌러앉았다. 나는 이 친구들을 객식구라 부른다.

마당은 고양이들의 작은 세상이 되었다. 시간이 흐르면서 지금은 삼색이, 고등어, 치즈 세 마리가 머무르고 있다. 아침에 일어나면 고양이들이 쪼르르 문 앞에 나와 마중을 하고 밥을 챙겨주는 것으로 하루가 시작된다. 정원을 정리하는 동안 고양이들은 따라다니며 옆에서 가만히 지켜보거나 장난을 친다.

우리 숙소에는 혼자 오는 손님들이 많은데 그때마다 고양이들은 자연스럽게 다정한 친구가 되어준다.

고양이들은 사람의 감정을 이해하고 그것에 맞춰 다가가는 능력을 보여준다. 자연스럽게 소통하는 모습은 놀라울 정도로 따뜻하다. 무심한 듯 다정한 방식으로 말없이 다가가지만 이내 마음을 녹인다. 때로는 가장 단순하고 자연스러운 것에서 위안을 얻을 때가 있다. 고양이들은 그저 함께 시간을 보내는 것만으로도 즐거움을 준다. 한

없이 게으르게 늘어지고 싶다가도 고양이들 사룟값 벌어야지 하는 생각에 열심히 일하게 된다.

마당 고양이들은 밖에서 자유롭게 살다 보니 사냥을 매우 잘한다. 가끔 집 마당에 커다란 까치나 참새를 잡아다 놓기도 한다. 그럴 때마다 깜짝 놀라기도 하고 염려스럽기도 하지만 날렵한 몸짓과 사냥은 자연의 순리대로 사는 본능일 뿐이다.

어느 날, 지붕에서 평소와 다른 울음소리가 들렸다. 마당에 나가 보니 삼색이 몸에 큰 쥐 끈끈이 두 개가 붙어 있었다. 나를 발견한 삼색이는 쩔뚝거리며 나에게 도와달라고 다가왔다. 마실 나갔다가 이웃집에서 놓은 쥐 끈끈이에 붙어버린 것이다. 얼마나 놀랐는지 순간 속상해서 눈물이 나왔다.

급히 가위로 털을 잘라내고 식용유로 조심스럽게 몸에서 찐득거리는 끈끈이를 떼어내기 시작했다. 많이 놀랐을 텐데도 그저 얌전히 몸을 맡겨주었다. 작은 몸이 나를 의지하며 기다리는 동안 인간으로서 미안한 마음뿐이었다.

길고양이들의 평균 수명은 길지 않다. 터줏대감 삼색이는 올해 6살이 되었다. 세 친구 외에도 잠시 머물다 고양이 별로 떠난 친구들이 있다.

언제나 쪼르르 달려 나와 강아지처럼 따라다니는 아이들에게 밥과 물을 내어주고 작은 보금자리를 마련해 줄 수 있어서 다행이다. 우리 집에 머무는 고양이들과 길에서 살아가는 아이들 모두 부디 지금처럼 오래오래 행복하게 살다가 고양이별에 갔으면 좋겠다.

숲의 치유가 필요할 때

숲에선 누구나
마음속 아이로 되돌아간다

바이오필리아 이론에 따르면 인간은 본능적으로 자연과 연결되고자 하는 욕구를 가지며 자연 속에서 시간을 보내는 것은 신체적, 정신적 회복에 큰 영향을 미친다.

봄이 오면서 바다에서만 진행하던 명상 프로그램을 숲으로 확장하기로 했다. 적합한 장소를 찾기 위해 숲길을 답사해야 했는데 전라남도 생태관광 육성 사업을 함께하는 선생님들이 적극적으로 나서서 동행해 주었다.

아침 7시에 선생님들과 함께 산행을 시작했다. 예상보다 가파른 오르막길에 전날 비가 내려 길이 진흙으로 미끄러웠다. 산책로라기보다는 고라니가 다니는 길 같았다. 다른 분들은 빠르게 앞서갔지만 가장 젊은 나는 숨이 차고 힘들어 꼴찌로 겨우 뒤를 따라갔다.

정상에 도달하자 시원한 바람이 불어오며 녹차밭과 공원 너머로 펼쳐진 바다가 시야에 들어왔다. 정자에 앉아 따뜻한 차 한 잔을 나누어 마시니 피로가 사라지는 듯한 기분이 들었다. 아름다운 풍경은 좋았지만 다소 위험한 길이었다.

산에서 내려오는 길 한국 차 문화공원에 있는 편백숲에서 발길을 멈췄다. 높은 편백나무에 내려앉은 따사로운 빛은 숲을 더욱 신비롭게 만들었다. 편백은 공기 중의 유해 물질을 정화하고 항균 효과가 있으며 스트레스를 줄이고 마음을 진정시키는 효과가 있어 심신의 안정에 도움이 된다.

나무 아래로 넓게 펼쳐진 녹차밭은 한 폭의 그림처럼 펼쳐져 있었다. 그 사이사이 분홍빛 벚꽃이 만개해 바람에 살랑이며 꽃잎을 흩날렸다.

나무 사이로 내려오는 부드러운 햇살이 맥문동 풀잎 위로 떨어지며 마치 윤슬 같은 빛의 물결이 일렁였다. 그 모습은 꿈속에서 걸어가는 듯한 기분을 자아냈다. 마치 오래전부터 알고 있던 장소처럼 편안하고 자연스럽게 다가왔고 이 편백숲을 중심으로 명상 프로그램을 운영하기로 했다.

헤드셋을 착용하고 가만히 소리에 집중하다 보면 새, 풀벌레, 다람쥐 등 수많은 생명의 존재가 살아 숨 쉬는 듯 느껴지며 자연과 깊은 연결감을 경험하게 된다.

편백 사이에 앉아 고요함 속에 명상하고 대나무 차임벨 소리를 들으며 몸과 마음을 이완한다. 눈을 뜨면 나무 사이로 푸른 하늘과 구름이 스쳐 지나가는 모습이 보인다. 그 순간 자연과 내가 다른 존재가 아닌 하나로 연결되는 경험을 할 수 있다. 한 참가자는 이렇게 말했다.

"아… 이게 진짜 사는 거지! 이렇게 숨을 편안하게 쉬어보는 게 정말 오랜만이에요."

여름에는 시원한 해평호수나 대한 다원 대나무 숲길을 찾는다. 대나무는 공기 중 이산화탄소를 흡수하고 산소를 방출하는 능력이 뛰어나며 기분을 개선하고 스트레스를 줄이는 데 효과적인 음이온을 발생시킨다. 또한 공기 중 오염 물질을 제거해 주기에 미세먼지가 많은 날에도 대나무 숲 안에 들어가면 쾌청한 느낌을 받는다.

대나무는 하루에 평균 30cm에서 최대 90cm까지 자란다. 그 속도가 얼마나 빠른지 장마철 대나무숲에 들어가면 뽀드득 하고 자라나는 소리가 들린다. 폭신한 댓잎이 깔린 길을 맨발로 걷다 깊게 숨을 들이쉬고 내뱉으면 그동안 쌓인 피로와 스트레스가 자연스럽게 해소된다. 이런 시간은 우리가 끊임없이 찾고자 하던 안정의 근원이 된다.

가을이 오면서 예당습지 생태공원의 갈대숲을 주로 찾았다. 바쁜 일상 속에서 늘 앞만 보고 달려온 도시 사람들에게 자연과 함께하는 시간이 주는 의미는 크다. 이 시간을 통해 잠시 멈추고 자연 속에서 자신 돌보는 기회를 얻는다.

하늘이 붉게 물들면 가만히 소리에 귀를 기울여 본다. 이때 소나기 같은 빗소리와 함께 새들이 떼를 지어 하늘을 가르며 춤을 추듯 유려하게 비행하는 소리가 들린다. 수백, 수천 마리의 철새들이 안전한 잠자리를 찾거나 의사소통을 하며 무리를 이루는 장면은 정말 장관이다. 자연의 위대함과 조화로운 움직임에 감탄하게 된다.

눈을 감고 호흡하며 몸에 느껴지는 감각을 관찰한다. 공기 속에 스며드는 가을 노을의 향기, 손끝에서 느껴지는 갈대의 질감, 그리고 바스락거리는 낙엽 소리. 그 모든 감각이 한순간에 몰입을 끌어내며 시간이 멈춘 듯 자연 속에서 모든 것이 연결된 느낌이 든다.

겨울 편백숲은 고요하고 차분하다. 나무 위에 쌓인 눈이 사라락 떨어지는 모습은 몽환적이다. 그 안에 앉아있는 사람의 모습도 자연스럽게 숲과 어우러져 일부가 된 듯한 느낌을 준다. 담요를 덮고 따뜻한 찻잔을 손에 쥐고 가만히 온기를 느끼면 맑게 깨어나는 기분이

든다.

경직된 모습으로 찾아왔던 도시 사람들의 얼굴은 어느새 어린아이처럼 순수하고 맑은 표정으로 바뀐다. 숲에서 느낀 고요함은 일상으로 돌아간 후에도 마음 깊이 남아 언제든 자연을 그리게 된다.

두 번째 화살

어느 날 몸이
쓰러지기 시작했다

코로나19 백신 접종 후 3시간이 지나자 심장이 마치 돌부리에 걸린 듯한 느낌이 들었다. 처음 경험해본 감각이었다. 응급실에서 검사를 받았고 맥박이 날뛰어 24시간 심장을 관찰하는 장치도 달았다. 하지만 결과는 정상이었다.

증상은 계속 나빠져 접종 2주 차에 응급실에 갔다. 의사는 백신 이상 반응을 신고해 주며 상급병원으로 가라고 말했다. 진료의뢰서에는 다음과 같이 적혀 있었다.

달리 분류되지 않은 예방접종에 따른 기타 합병증

의사들도 처음 경험하는 팬데믹으로 원인을 알지 못했고 일부는 심리적인 문제로 넘기고 있었다. 하지만 오랜 공황장애 환자였던 나는 알 수 있었다. 이건 일반적인 불안에서 오는 두근거림이 아니다. 할머니처럼 느릿느릿 겨우 걸을 수 있었고 앉아 있다 일어서기만 해도 맥박이 150을 넘었다.

그러던 어느 날 몸이 쓰러지기 시작했다. 내과, 심장내과, 신경과에서 온갖 검사를 했지만 병명을 찾지 못했고 응급실에서는 다시 대학병원으로 가라고 했다. 아무런 치료도 받지 못한 채 대학병원 진료를 기다리며 침대에 누워 지냈다.

마지막 지푸라기라도 잡는 심정으로 오지에 있는 한의원을 찾아갔다. 맥을 보고 증상을 들은 원장님은 한숨을 한번 내쉬더니 말했다.

"침도 놓을 수 없고 아무것도 할 수 없는 상태예요. 지금 바로 큰 병원으로 가서 며칠간 수액을 맞고 오세요."

바로 종합병원 응급실로 들어가니 신장 수치가 좋지 않아 입원해야 한다고 했다. 그렇게 수액 치료 후 다시 한의원을 찾았다. 이후 몇 번 더 진료를 보던 원장님은 처음 왔을 때 위험한 상황이었으며 자가면역질환 같다고 했다. 그동안 원인을 알지 못해 답답했는데 처음으로 병명을 들은 순간이었다.

정확한 진단을 위해 서울로 올라가 대학병원에서 정밀 검사를 받았고 수치가 강 양성으로 나오며 희귀 난치성 자가면역질환 진단을 받았다. 드라마에서 보면 '내가 난치병이라니…!' 하며 오열하는 장면이 나오곤 했는데 진료실 문을 열고 나오며 들었던 생각은 하나뿐이었다.

'드디어 병명을 찾았다!'

희귀질환은 까다롭고 증상도 광범위해서 진단받는 데 평균적으로 수 년이 걸린다고 한다. 1년 만에 진단을 받은 것만으로도 다행이었다.

하지만 이 병은 그렇게 만만하지 않았다. 그나마 증상을 완화할 수 있는 약은 부작용 때문에 중단했으며 치료 방법이 없었다. 치료에 진전이 없어 힘들 때는 병원에 입원해서 혈관을 통해 14시간 동안 천천히 영양수액을 흘려보내는 치료를 일주일 내내 받기도 했다.

퇴원 후 집 근처 숲을 조금씩 걷기 시작했다. 처음에는 5분을 걷는 것조차 숨이 차고 어지러웠지만 시간이 지나면서 10분, 20분, 30분까지 점차 늘려갔다. 걸을수록 에너지가 점차 올라오는 걸 느낄 수 있었다. 지금은 서너 시간도 가뿐히 걷는다.

나무들이 뿜어내는 피톤치드와 음이온은 몸과 마음에 활력을 주며 깊게 숨을 들이마시면 긴장이 풀리고 몸에 생기가 불어넣어진다. 길의 끝에 다다를 때 몸은 가볍고 마음은 맑아지는 것을 느낄 수 있었다.

　대학병원을 정기적으로 다니며 숲 치유와 마음 챙김 같은 완화 요법을 병행했다. 또한 대인관계를 포함한 커피, 술, 육가공 식품 등 몸과 정신에 해로운 요소들을 끊어내고 생활습관과 식습관을 바꾸었다.

　건강하고 신선한 제철 재료로 만든 음식을 골고루 섭취하며 건강할 때 먹던 양의 절반 정도만 먹었다. 몸이 많이 편안해졌고 이제 오랜 시간 정상 수치를 유지하며 건강하게 지내고 있다.

　두 번째 화살이라는 말이 있다. 고통에 대한 태도를 이야기하는데 첫 번째 화살은 피할 수 없는 고통을 의미한다. 질병, 상실, 사고, 인간관계의 갈등 등 외부에서 주어지는 현실적인 통제를 할 수 없는 어려움을 포함한다.

　두 번째 화살은 첫 번째 화살에 대한 반응에서 비롯되는 심리적 고통을 뜻한다. 예를 들어 몸의 통증이 있을 때 '왜 나에게 이런 일이 생겼을까?'라며 끊임없이 자신을 비난하거나 불안에 사로잡힌다면 이는 두 번째 화살을 스스로 쏘는 것과 같다.

　두 번째 화살을 피하는 방법은 간단하다. 첫 번째 화살의 고통은 이미 왔음을 인정하고 저항하지 않는다. 그저 이런 일이 일어났음을 알아차린다. 그리고 고통에 반응하여 어떤 감정과 생각을 만들어내는지 살펴본다. 불안이나 분노의 감정이 올라오는지 관찰하는 것이다. 마지막으로 고통을 겪고 있는 자신을 따뜻한 시선으로 바라본다.

삶에서 첫 번째 화살을 완전히 피할 수는 없지만 두 번째 화살은 스스로 선택하지 않음으로써 고통을 줄일 수 있다. 어쩌면 삶은 고통 속에서 희망을 찾는 여정일지도 모른다. 이 병을 없애야 할 대상이 아니라 평생 관리하며 함께하는 반려 질환으로 받아들이기로 했다.

자유와 책임 사이

자유는 선택에 따른
책임을 반드시 동반한다

퇴사 후 사람들은 자유로운 삶을 꿈꾼다. 먼저 이 과정에서 필요한 것은 자기 성찰이다. 직장을 그만두고 나서 무엇을 하고 싶은지 어떤 삶을 살아가고 싶은지에 대해 고민하는 시간이 필요하다. 원하는 길을 찾았을 때 그 길에 대한 책임질 준비가 되어 있어야 한다.

이때 경제적 불안이나 불확실성을 경험할 수 있다. 계획을 세우고 꾸준한 실천을 통해 실현해야 한다. 단기적인 해방감보다는 책임감 있는 선택을 하고 그 선택을 지속하는 것이 진정한 자유를 얻는 방법이다.

우리는 사회적 존재로 타인과의 상호작용을 통해 자신을 더욱 잘 이해하고 성장할 수 있다. 친구, 동료, 가족과의 관계 속에서 선택한 길을 책임지고 이끌어가야 한다. 다른 사람들의 기대나 요구를 존중하면서도 자신의 선택을 지키는 균형을 맞추는 것이다.

때로는 외부에서 오는 압박을 느낄 수 있다. 사회는 선택에 대해 많은 기준을 제시하고 그 기준에서 벗어나면 불안감이나 죄책감을 느끼게 한다. 자유는 타인의 기대에서 벗어나 나만의 길을 걸어가기로 하는 데서 시작된다. 이 과정에서 내면의 목소리를 듣고 고민하는 것이다.

우리가 선택한 길에는 반드시 결과가 따른다. 자영업을 시작하려는 사람은 선택이 자신에게만 영향을 미치는 것이 아님을 알게 된다. 창업은 경제적 부담뿐만 아니라 사회적, 감정적 책임도 함께 온다.

이 모든 책임을 받아들이고 그에 맞는 방법으로 문제를 해결해 나가야 한다. 그렇기 때문에 자유는 단순히 하고 싶은 대로 사는 것이 아니라, 선택에 대한 책임을 다하면서 설정한 목표를 향해 나아가는 과정에서 완성된다. 이는 자신이 내린 선택에 대한 결과를 피하지 않고 해결해 나가는 힘을 기르는 것이다.

창업과 자영업을 시작하며 마주하게 되는 경제적 책임은 모두 스스로 선택한 삶의 일부분이다.

많은 사람은 책임을 피하려고 하며 경제적 부담이나 감정적 고통을 감당하려 하지 않는다. 그러나 그 책임을 다하는 과정에서 얻어지는 성장과 변화가 필요하다. 자신을 더 잘 이해하고 삶에 대한 깊은 통찰을 얻을 수 있다.

자영업자는 사업을 통해 독립적인 삶을 선택하며 고객들과의 상호작용 속에서 자신만의 방식으로 가치를 창출하고 그에 따른 결과를 책임지게 된다. 고객의 요구에 맞춰 서비스를 제공하거나 제품을 판매하는 과정에서 창의적인 아이디어와 노력을 바탕으로 사업을 확장하고 성장시킬 수 있다.

고객과의 관계 속에서 신뢰를 쌓고 사업을 이끌어나가는 데 필요한 책임과 의무를 동시에 경험하는 것이다. 고객과의 소통과 만족을 최우선으로 생각하며 그에 맞춰 업무 스타일을 다듬어 간다.

예술 활동을 하는 사람도 마찬가지로 대중과의 관계 속에서 자유를 실현한다. 창작의 자유를 추구하며 대중과 어떻게 소통하느냐에 따라 그 의미가 깊어진다. 작업을 통해 세상과의 관계를 형성하는 것이다.

작품이 전시되거나 발표되는 과정에서 대중의 반응과 피드백을 받고 이를 바탕으로 창작의 방향을 조정하기도 한다. 예술은 상호작용을 통해 더욱 의미 있고 풍부한 경험을 얻게 되며 확장된다. 대중과의 관계 속에서 목소리를 내며 창작의 자유를 실현해 나가고 있다.

단순히 자신만의 길을 걷는 것이 아니라 타인과의 관계를 존중하고 그에 대한 책임을 다하는 것이다. 이 길에서 우리는 고립될 수도 있지만, 서로의 존재를 인정하며 살아갈 때 더 큰 자유를 느낄 수 있다.

나 홀로 '자연인'을 외치며 산속에 들어가 혼자만의 고립된 세상을 만드는 것이 아니라 다른 사람과의 상호작용 속에서 얻어진다. 타인의 권리와 자유를 존중하는 것이 필수다. 선택에 대한 책임을 지는 과정에서 더 나은 사람으로 발전하고 그 발전은 주변 사람들에게도 긍정적인 영향을 미친다.

따라서 고립된 존재가 아닌 서로에게 영향을 주고받으며 자신을 발견하고 그 속에서 더 넓은 세계와 연결될 수 있다. 서로의 의견과 경험을 나누며 공동체 안에서 더 깊은 의미를 발견한다. 이것은 개인의 자유를 더욱 풍요롭고 실질적인 삶의 방향으로 이끈다.

자유를 추구하면서도 그에 따른 책임을 받아들이는 과정은 자신의 삶을 온전히 관리하는 길이다. 자유와 책임은 상호 보완적인 관계에 있다. 이 두 가지를 함께 다룰 때 지속해서 누릴 수 있는 삶을 만들어 갈 수 있다.

사전연명의료의향서

죽음을 준비하는 것은
삶을 깊이 사랑하는 방식이다

웰다잉well-dying은 삶의 마지막 순간을 존엄하고 평온하게 맞이할 수 있도록 준비하는 과정이다. 삶에 대한 애정과 존중을 바탕으로 자신이 원하는 방식으로 선택하는 것이다.

나는 70대 이상 노인들이 인구 대부분을 차지하는 시골에 살고 있다. 어느 날 평소 잘 걷던 옆집 할머니가 갑자기 요양 보호사의 도움 없이는 이동하기 어려워지고, 어느 날은 마을 할아버지가 돌아가셨다는 소식을 듣게 되었다. 이런 모습을 보면 죽음에 관하여 진지하게 생각하게 된다.

대부분 시골의 빈집은 몇 년 동안 방치되다가 폐가가 되거나 집을 팔기 위해 폐기물 업체를 불러 짐을 다 버리고 만다. 투병 생활을 하면서 몸이 가장 힘들었을 때 이런 생각이 들었다.

'내가 죽고 나면 이 많은 짐은 어떻게 하지?'

나에게는 소중한 추억이 담긴 물건들이지만 그것들은 폐기물 업체에 통째로 넘겨질 짐에 불과했다.

나이가 들면 아주 작은 집에 살고 싶다. 물건과 공간을 간소화하는 것만으로도 삶의 질은 달라질 수 있다. 불필요한 에너지 사용을 줄이고 단열이 좋은 오두막 같은 아담한 집이면 좋겠다.

많은 것에 얽매이지 않고 자신과 환경을 존중하는 삶을 선택하는 것이야말로 진정한 풍요로움이라는 생각을 한다. 이런 마지막을 준비할 수 있다면 그것은 축복일 것이다.

나는 사전연명의료의향서를 작성해 두었다. 의식을 잃고 스스로 의사를 표현할 수 없게 되거나 몸이 더는 뜻대로 움직이지 않을 때, 기계적인 연명의료를 거부할 의사를 미리 밝혀두는 문서다. 작성한 이유는 법적 효력이 있는 문서로 마지막 순간 원하는 방식으로 받으며 불필요한 의료행위가 이루어지지 않도록 하기 위함이다.

고통 속에서 연명하며 살아가는 것보다는 떠나는 순간을 자연스럽게 맞이할 수 있는 길을 선택하고 싶다. 의사나 가족들이 대신 결정을 내려야 할 때 원하지 않는 치료를 강요받지 않도록 하고 자연스럽게 삶을 마무리하는 것이 좋겠다고 생각했기 때문이다.

사전연명의료의향서의 주요 목적은 네 가지가 있다.

첫째, 자기 결정권을 존중하여 환자가 의식 불명 상태나 말기 상태에서 자신의 의견을 존중받을 수 있도록 한다.

둘째, 불필요한 의료행위를 방지하여 환자의 고통을 줄이고 지나친 연명 치료에 의한 의료적 부담을 피한다.

셋째, 의료진이 윤리적 기준을 바탕으로 환자의 사전 의향을 반영하여 올바른 치료 결정을 내리도록 돕는다.

넷째, 사망 직전 상황에서 가족의 부담을 덜어주어 이미 명시된 의향서를 통해 가족들이 결정을 미리 해야 하는 어려움과 갈등을 피할 수 있게 한다.

살아가면서 겪는 여러 감정과 고통은 예기치 않게 다가오며 큰 불안과 두려움을 느끼게 된다. 그러나 미리 준비하고 대비하는 과정에서 조금 더 담담히 받아들일 수 있다. 이러한 준비는 안정된 마음으로 마지막 순간을 보다 고요하게 만들어 줄 것이다.

배우 최민수가 한 방송에서 했던 말이 있다.

"흔한 일이야, 죽음 따위. 나만 경험 못 했을 뿐이지. 사람들은 다 경험하고 갔어."

한참 투병 중이던 시기에 이 말은 큰 위로가 되었다. 살아가면서 겪는 고통이나 어려움은 피할 수 없어도 마지막 순간은 자신이 결정을 내릴 수 있는 권리가 있다.

20대 중반쯤, 나는 각막과 장기 기증을 신청했다. 이미 그때부터 죽음 이후에 집착할 것이 없다는 것을 알고 있었는지도 모르겠다.

문서를 작성하는 것은 단순히 죽음을 준비하는 것이 아니라 구름이 생기고 사라지듯 자연의 섭리에 따라 떠나고자 하는 의지에서 비롯된 존엄이다. 죽음은 누구에게나 다가오는 일이기에 자연스럽고 평온하게 맞이할 수 있다면 그것이야말로 진정한 해피엔딩이 아닐까.

마지막에 대해 고민하면서 결국 삶과 죽음에 관한 생각을 예전보다 명확히 할 수 있었다. 죽음을 준비한다는 것은 살아온 날들에 대한 깊은 성찰이다. 우리는 흔히 죽음을 두려워하고 그 끝을 부정하려 하지만 자연스러운 과정이다.

우리는 살아가는 동안 수많은 결정을 내린다. 작은 선택부터 인생의 큰 방향을 결정짓는 선택까지 하루하루 쌓여가는 모든 선택이 삶을 만든다. 마지막 순간에도 그 선택은 자신의 것이다. 지금까지 살아온 모든 날과 앞으로 살아갈 날에 감사한다.

4부

조용한 사람들의 시대

작은 목소리로 울리는 공명

한때 내 작은 목소리는
단점처럼 느껴졌다

오랜 시간 외향적이고 활달한 성격의 사람들이 주목받던 시기가 있었다. 사교적이고 자신을 잘 드러내는 사람들이 사회생활을 잘하며 내향적인 사람들은 적응하기 어렵다는 인식이 퍼져 있었다. 그로 인해 소극적이라는 오해를 받는 경우도 많았다. 하지만 이제는 다양성을 존중하는 문화로 바뀌어 조용한 사람들도 자신만의 목소리로 살아갈 수 있는 세상이 되었다.

나는 어릴 적 낯가림이 많고 소심한 아이였다. 발표하거나 사람들 앞에서 말할 때 목소리가 작아서 "안 들려! 크게 말해!"라는 지적을 종종 받았다. 성인이 된 후에도 여전히 조곤조곤 말하는 습관은 바뀌지 않았고 말투와 목소리 때문에 늘 차분하다는 이야기를 듣곤 했다.

하지만 외향적인 사람들이 환영받던 시대에 사회생활을 하던 나에게 그것은 하나의 콤플렉스였다. 게다가 말을 많이 하거나 큰 소리로 말하면 금세 편도선이 붓고 목소리가 갈라졌다. 항상 따뜻한 물이 담긴 텀블러를 한 몸처럼 지니고 다니며 수시로 목을 적셔야 했다.

그러나 명상 안내를 시작하면서 목소리에 대한 인식이 서서히 바뀌기 시작했다. 직업적으로 방해될까 걱정했지만, 수강생들은 차분하고 작은 목소리가 안정감을 준다고 이야기해 주었다.

한 아나운서님이 수업 후 목소리마저 명상 같다고 말했을 때는 울컥하는 감정이 올라왔다.

'왜 그동안 내 목소리를 스스로 사랑해 주지 못했을까?'

한 번은 편도선염으로 목소리가 나오지 않아 겨우 수업을 마쳤던 날이 있었다. 그때 한 수강생은 아팠던 목소리마저 길로 느꼈던 것 같다며 차분하고 좋았다는 후기를 남겨주었다.

내 작은 목소리가 이제 더는 싫지 않다. 예전에는 단점이라고 생각했지만, 그저 지금까지 어울리는 자리를 찾지 못했을 뿐 아무 문제 없다는 사실을 알게 되었다. 오히려 나만의 개성과 평온함을 전달하는 소중한 부분이라고 느낀다.

이제 비대면 사회로 바뀌고 있다. 소셜 미디어, 라이브 스트리밍, 팟캐스트, 줌 등 다양한 디지털 플랫폼으로 언제 어디서나 실시간으로 소통할 수 있다.

이런 변화 속에서 소통의 장애물로 느껴졌던 작은 목소리도 성능 좋은 마이크를 착용하면 그만이다. 디지털 공간에서는 목소리의 크기보다 그 안에 담긴 내용이나 전달하고자 하는 메시지가 더 중요하다.

비대면 환경의 소통은 자신의 목소리와 방식으로 존재감을 드러낼 기회를 제공한다. 이제는 차분한 메시지를 전달하는 것만으로도 영향을 미칠 수 있다. 물리적 거리가 중요한 의미를 갖지 않기에 작은 목소리로도 자신의 이야기를 충분히 전하고 다양한 기회를 얻는다.

한 번은 4분짜리 싱잉볼 연주 영상을 스레드에 공유했다. 싱잉볼은 고요하게 공명하는 소리가 특징인 악기로 마음을 차분하게 가라앉히고 신체와 마음의 에너지를 정화하며 깊은 이완을 유도하는 데 도움을 준다. 그저 편안한 순간을 나누기 위해 올린 이 영상은 단 몇 시간 만에 조회 수가 1만 6,000회를 넘겼다.

영상을 본 사람들은 연주에서 마음의 평온과 위로를 받았다고 댓글을 남겼다. 이 경험을 통해 세상과 연결되고 있다는 것을 실감하며 물리적으로 먼 거리에 있더라도 감정은 서로 연결된다는 것을 알게 되었다.

　온라인으로 전하는 이야기나 영상이 누군가에게 위로와 힘이 되는 순간은 어떤 방식으로든 깊은 소통이 가능하다는 사실을 일깨워 주었다.

　서로 연결되는 방식이 얼마나 다양해졌는지 새삼 느끼게 된다. 작은 목소리도, 간단한 글 한 줄도, 때로는 조용한 행동 하나가 그 자체로 큰 영향을 미칠 수 있다.

　차분한 목소리가 누군가에게 위로가 되었을 수도 있다. 오늘 조용히 건넨 말이나 행동이 주변 사람들에게 어떤 영향을 미쳤을지 잠시 떠올려 보자. 우리가 일상 속에서 나누는 작은 순간들이 큰 힘이 된다. 작은 말 한마디, 따뜻한 눈빛, 그리고 마음에서 우러나오는 행동이 누군가의 마음에 영향을 주고 있을지도 모른다. 우리가 생각하는 것보다 소소한 순간들이 사람들에게 깊은 울림을 주며 그 자체로 힘이 된다.

삶의 방향을 찾는 여정

우리는 항상 '내가 원하는 삶은 무엇인가?'라는
질문을 던지며 살아간다

"뭘 좋아하는지 모르겠어요."

"앞으로 무슨 일을 해야 할지 모르겠어요."

사람들이 털어놓는 고민은 대부분 비슷하다. 공무원이나 교사와 같은 안정적인 직업을 가진 이들도 내면에서는 방황하고 있다. 자신의 의지와 상관없이 부모님의 기대에 따라 정년과 노후가 보장되는 안전한 직장에 들어가게 되는 경우가 많다. 보수적이며 수직적인 생활에 힘들어하다 퇴사하거나 계속 버티다 마음의 병을 앓게 되는 이들도 많이 보았다. 이런 고민은 단지 개인적인 문제가 아니라 사회적인 변화와 깊은 연관이 있다. 과거에는 의사결정의 중심이 가족이

나 직장 같은 사회적 요구에 있었다면 이제는 개인에게로 이동하고 있다.

2024년 8월 통계청 경제 활동인구조사 결과에 따르면 직장인의 평균 근속 기간이 5년 6개월도 채 안 된다고 한다. MZ 세대의 퇴사는 이보다 훨씬 짧은데 평생직장이라는 개념은 이제 사라졌다.

세월호, 코로나19, 이태원, 계엄령, 여객기 참사, 초대형 산불까지 우리는 생사의 경계를 마주하게 되는 일들을 겪어오며 언제까지나 타인의 선택에만 의존할 수 없다는 사실을 깨달았다. 그 과정에서 '내가 원하는 것은 무엇인가?'라는 가치에 대한 질문을 던지며 주체적인 삶을 살아가려는 욕구가 커졌다.

진로는 개인의 삶에서 나아가는 방향이나 경로를 의미하며 주로 직업이나 학업 선택을 포함한다. 넓은 의미에서는 삶의 목표와 가치에 따른 발전 방향을 나타내기도 한다.

나는 지난 10년 동안 작가, 사장님, 선생님 등 다양한 호칭으로 불려 왔다. 이전까지는 직업을 통해 자신을 정의하고 직업이 주는 안정감에 의지하며 살아왔다. 중요한 것은 직업이 삶의 방향과 어떻게 연결되는지, 어떤 방향으로 나아가고 싶은지에 있다. 삶은 하나의 직업으로 정의될 수 없는 여정이다.

직업이 여러 개일수록 삶의 폭도 넓어진다. 어떤 날은 명상 안내하는 사람으로, 어떤 날은 그림을 그리거나 글을 쓰는 사람으로, 또 다른 날은 숙소를 운영하는 사람으로 다양한 역할들은 서로 충돌하지 않으며 오히려 추구하는 방향을 더욱 명확하게 만든다. 요즘은 다른 사람들에게 나를 '치유 크리에이터'라고 소개한다.

단순히 어떤 직업을 가질지 결정하는 문제가 아니라 어떤 가치를 실현하며 살고 싶은지에 대한 질문으로 바뀌어야 한다. 삶의 목표가 분명하면 어떤 일을 하던 그 안에서 목표를 향해갈 수 있는 가치를 만들어낼 수 있다. 직업 자체보다 사람으로서 어떻게 살아가고 싶은지를 아는 것이다.

나무 한 그루가 아니라 숲 전체를 보는 것처럼 직업을 선택할 때도 단기적인 결과보다는 전체적인 삶의 방향을 고려하는 것이 중요하다. 직업을 선택할 때 가장 중요한 기준은 안정성이 아니라 자신의 가치관에 맞는 방향이다. 직업은 생계를 위한 수단만이 아니라 경험을 통해 삶을 어떻게 더 풍성하게 만들 수 있는지 깨닫는 과정이다.

우리는 모두 각자의 서사를 가지고 있다. 이 서사를 통해 세상에 어떻게 나누고 싶은지, 무엇이 자신을 기쁘게 하고 의미 있게 만드는지를 깊이 사유해야 한다. 이 과정을 통해 목적과 방향을 명확히 하게 되고 삶에 대한 자신감을 가질 수 있다. 이것은 우리의 선택을 주체적이고 의미 있게 하는 것이다.

때로는 자신이 원하는 것과 세상이 원하는 것 사이에서 갈등을 겪기도 한다. 무엇을 해야 할지 모르고 한 걸음씩 나아가는 것조차 두려운 순간이 있다. 그럴 때면 이 길이 맞는지 확신이 서지 않아 마음이 흔들리기도 한다. 그러나 그런 불확실한 순간이 오히려 새로운 기회를 발견할 중요한 시점이 될 수 있다. 우리가 길을 찾지 못하고 헤매고 있을 때 진정으로 원하는 삶의 방향을 잡을 기회가 생긴다. 어려움과 성찰은 결국 더 나은 결정을 내리는 데 도움이 되고 삶을 더욱 단단하게 만든다. 자신이 무엇을 원하는지, 그리고 그 선택이 만들어 갈 삶의 모습이 무엇일지에 대해 끊임없이 질문을 던져야 한다. 이러한 질문들은 중요한 나침반이 된다.

우리는 모두 각자의 길을 찾고 있다. 그 길은 언제나 명확하지 않지만 한 걸음씩 내디디며 조금씩 자신을 발견하게 된다.

다른 사람들의 기대와 시선 속에서 길을 잃고 헤매기 쉽지만 그럴 때일수록 자신에게 물어봐야 한다. 모든 답은 결국 자신에게 있다. 길 위에서 발견하는 것은 목적지가 아니라 내가 되어가는 과정이다.

깊이를 탐구하는 내향인

삶의 의미를 끊임없이 탐구하는
본질 덕후

우리는 속도와 효율을 중시하는 환경에서 살아가고 있다. 직장에서의 성과나 사회적 성공, 개인적인 성취도 대부분 이것에 따라 평가받는다. 하지만 정말 우리가 원하는 삶의 방식이 남들처럼 한 방향을 향해 빠르게 달려가는 것일까? 잠시 멈추고 진정으로 추구하는 방향에 대해 다시 생각해 볼 필요가 있다.

속도를 추구하는 삶은 때로 겉으로 보이는 성과에 집중하게 만들고 내면을 돌아보는 깊은 시간을 잃게 만든다. 결과를 빨리 얻거나 많은 성취를 이루는 것보다 얼마나 배우고 성장하는지가 중요하다. 천천히 가더라도 그 과정에서 얻은 경험은 무엇과도 비교할 수 없으며 삶을 풍요롭게 만든다.

깊이를 추구하는 삶은 사람과의 관계에서도 중요한 역할을 한다. 빠르게 대화를 끝내고 서둘러 해결책을 찾으려 하기보다는, 상대방의 마음을 깊이 이해하고 함께 시간을 보내며 진정성 있게 소통하는 것이다. 이것은 자신을 알아가는 과정이며 타인과의 관계를 의미 있게 만든다. 외적인 성취를 넘어 내면의 만족과 깊은 성장을 끌어내는 것이다.

숲길을 걸으며 배운 점이 있다. 바람이 나무를 거세게 흔들어도 뿌리는 흔들리지 않는다. 가지가 부러질지언정 내면의 뿌리는 우리를 다시 제자리에 세운다. 그 뿌리는 경험과 자신에 대한 믿음 그리고 스스로 다독이며 걸어온 긴 시간이다. 흔들리면서도 균형을 잡고 우뚝 서는 것이다.

지친 날이면 따뜻한 차 한 잔을 마시며 호흡을 고르고 가만히 내면을 들여다본다. 그런 순간들이 쌓여 무너진 균형을 되찾고 마음을 유연하게 한다. 이 과정에서 더 선명해지고 깊어지는 느낌을 받는다.

세상의 끊임없는 소음 속에서 내면의 목소리를 잃어버리기 쉽다. 외부의 판단과 기대에 휩쓸려 무엇이 옳은지 무엇이 자신에게 필요한 것인지 헷갈릴 때가 많다. 가장 귀 기울여야 할 소리는 바깥에서 들려오는 소음이 아니라 내면에서 조용히 이야기하는 목소리다. 부모님이나 타인이 좋다고 말하는 것이 아니라 자신이 진정으로 하고 싶은 것, 좋아하는 것이 무엇인지 경험을 통해 깊이 생각해 보는 것이다.

혼자 떠나는 여행이나 명상, 글쓰기, 자연 속에서의 산책처럼 자신과 대화할 수 있는 시간을 가져보자. 글쓰기는 내면의 목소리를 듣고 이해하는 강력한 방법이다. 감정과 생각이 엉켜 있을 때 그 혼란을 하나씩 풀어내는 과정이 된다. 펜 끝에서 흘러나오는 단어들은 복잡한 마음을 밖으로 꺼내어 보여주고 보이지 않던 모양이 점점 뚜렷해진다.

감정이 복잡하고 해결되지 않을 때 글을 쓰며 답을 찾는다. 감정이 얽히고 마음이 흐트러진 상태에서 질서를 찾아주는 역할을 하며 놓쳤던 중요한 것을 발견하게 된다. 글 속에서 자신과 대화하며 어떤 날은 잊고 있던 목표를 떠올리고 또 어떤 날은 이 순간에서 행복을 찾는다.

불확실할수록 글쓰기는 더 큰 힘을 발휘한다. 글을 쓰다 보면 오래된 기억이 떠오르는 순간이 있다. 과거의 감정은 때로 깊이 묻혀 있거나 외면한 채 남아 있다. 글은 감정의 문을 열어주며 두려움과 후회 속에서도 희미하게 빛나던 희망을 다시 마주하게 한다. 당시의 마음을 다독이고 위로하는 과정은 치유로 이어진다. 비록 아팠을지라도 그 경험들이 지금의 자신을 만들어 준 소중한 조각임을 알 수 있다.

글은 시간을 초월해 현재와 과거, 미래를 잇는 다리가 된다. 그 속에 비친 자신을 바라보는 일은 때로 부끄럽기도 하고 때로는 감격스럽기도 하다. 모든 감정을 있는 그대로 받아들이며 새로운 시각을 얻는다. 어제보다 오늘 더 성장한 자신을 발견하거나 오랜 상처를 치유할 기회가 되어주는 것이다.

내면에 귀 기울일 때 비로소 평온을 찾을 수 있다.

"괜찮아. 잘하고 있어."

이 말은 자신에게 주는 믿음과 격려의 메시지다. 내면에 집중하고 잠시 멈춰 설 때 나아갈 방향이 보이기 시작한다.

세상이 빠르게 변하고 외부의 압박이 커질수록 우리가 놓치고 있는 소중한 부분이 무엇인지 되돌아보는 것이 필요하다. 그런 순간들을 통해 더 나은 결정을 내릴 힘을 키울 수 있다.

웃으면서 일어나는 실패의 기술

도전하지 못한 이유는
실패에 대한 두려움 때문이다

많은 사람이 도전을 시작하기 전에 포기하지만, 실패를 두려워하지 않고 다시 일어설 때 더 큰 성장을 이룰 수 있다. 대부분 실패를 부정적인 결과로만 바라보지만, 사실은 중요한 배움의 기회를 제공한다. 그런데도 실패를 두려워하는 이유는 감정적인 고통과 사회적 낙인이 크게 다가오기 때문이다. 성공적인 결과를 중시하며 목표를 달성한 사람에게 주목하고 실패한 사람에게는 부정적인 시선을 보내는 경향이 있다.

이런 두려움은 우리가 도전을 망설이는 가장 큰 이유가 된다. 이를 극복하지 않으면 새로운 가능성에 도전할 용기를 내지 못하고 삶에서 중요한 변화를 놓치게 된다.

한국에서 처음 창업을 하는 사람 중 약 18%가 살아남는다. 100명 중 82명은 폐업을 한다는 이야기다. 사람들은 나를 무엇이든 척척 해내는 추진력이 있는 사람이라고 오해하지만 사실 많은 실패를 경험했다. 생각해 보면 나는 1인 가구의 가장으로서 후회하거나 실망하며 주저앉아 있을 여유가 없었다. 빨리 해결해야 하는 상황이었기에 계속해서 방법을 찾으려고 했다.

일을 추진하는 사람과 생각만 하는 사람의 차이는 바로 행동에 있다. 망설여지는 순간마다 이렇게 마음을 다잡는다.

'처음이니까 잘 못 할 수도 있지. 그러면서 배우고 다음에는 덜 실수하고 점차 잘 해내면 되지!'

2016년에 사업자를 내고 지금까지 한 번도 폐업하지 않았다. 긴 시간 버틸 수 있었던 이유는 실패를 끝이 아닌 새로운 시작으로 받아들였기 때문이다. 종목과 업종을 바꿔가며 끊임없이 다양한 시도를 해왔다. 결과를 두려워할 필요는 없다. 그것은 더 나은 방향으로 나아가기 위한 과정일 뿐이며 그 안에서 배우고 새로운 길을 모색할 수 있다. 부족한 사람임을 인정하니 오히려 마음이 편해졌다. 완벽하지 않아도 괜찮다는 마음으로 자신을 격려한다.

많은 실패를 겪으며 자신에 대한 신뢰가 높아졌다. 일을 벌여놓으면 미래의 내가 어떻게든 수습할 것이라는 믿음이었다. 일을 추진하고 성취해 나가는 데 쉽게 되는 일은 없다. 그 뒤에는 보이지 않는 오랜 시간 동안 해온 노력이 있다. 그렇다면 어떻게 도전하고 실패를 잘 대처할 수 있을까?

첫 번째는 작은 도전이다. 작게라도 새로운 일을 시도해 보는 것이다. 다양한 경험 속에서 열린 마음으로 계속해서 시도하고 발견하는 것이다.

그동안 외면했던 마음의 소리를 듣고 자신에게 진짜 필요한 것이 무엇인지를 차분히 정리해 보는 시간을 갖자. 어떤 방향으로 나아가야 할지를 점차 알게 된다.

두 번째는 실패를 두려워하지 않는 용기다. 대부분 어떤 일에 도전할 때 실패할 확률이 높다. 새로운 시도를 할 때마다 따라오는 불안감과 두려움은 자연스러운 감정이지만 용기를 얻는 방법이 있다.

그것은 실패를 새로운 배움의 기회로 바라보는 관점을 갖는 것이다. 예상치 못한 것들을 배우게 해 주고 성장할 계기를 만든다. 실패는 끝이 아니라 다음 목표를 위한 경험이자 과정임을 기억하자. 큰 목표를 이루기 전에 작은 목표들을 세워 하나씩 달성하며 성취를 경험하는 것도 중요하다. 자신감을 키워주고 도전을 지속할 수 있는 에너지를 불어넣어 준다.

그리고 도전의 과정에서 혼자서 모든 것을 감당하려 하지 않아도 된다. 주변에 믿고 의지할 수 있는 사람들과 연결되어 있음을 느끼는 것이 중요하다. 혼자 감당하기 어려운 무게는 함께 나누면 훨씬 가벼워진다. 도전하는 동안 자신을 믿어주는 사람들의 격려와 지지는 계속해서 나아갈 수 있게 하는 힘이 되어준다. 이건 사실 내가 잘 못 하는 것 중 하나다. 모든 걸 혼자 해결하려고 애쓰는 편이라 이제는 바뀌어 보려고 노력 중이다.

실패는 피할 수 없는 삶의 일부다. 이를 받아들이고 자신을 격려할 수 있을 때 더 용감해질 수 있다. 이러한 방법들을 통해 조금씩 자신을 더 유연하게 만들며 원하는 삶에 한 발 가까이 다가갈 수 있을 것이다.

세 번째는 불안을 에너지로 바꾸는 법을 배우는 것이다. 주체적인 선택의 삶은 불안을 동반하며 대부분 느끼는 고민도 그 뿌리에 있다. 불안을 자유롭게 나아갈 수 있는 도구로 삼을 수 있다. 마음이 보내는 신호에 귀 기울이며 두려움을 설렘의 동력으로 바꾸는 연습을 하자. 오늘 할 수 있는 일을 찾아 내일을 준비하는 것이다.

목표를 향해가는 길은 직선이 아니다. 때로는 돌아가기도 하고 길을 잃고 헤매기도 하며 멈추어 설 때도 있다. 삶은 어떤 방향으로 가고 싶은지 계속해서 찾아가는 과정의 연속이다.

은둔형 관종이 세상과 소통하는 법

인류 최후의 생존자가 되면
이런 기분일까?

아무도 없는 갈대숲을 혼자 걷다 문득 재난 영화의 한 장면이 떠올랐다. 주인공 혼자 사람들이 모두 사라진 텅 빈 거리를 홀로 걷는 장면이다. 사람의 흔적이라고는 보이지 않았다.

시골에서의 생활은 대부분 평화롭다. 나만의 공간에서 자신을 돌아보며 사색하는 시간은 소중하다. 그러나 그 속에서도 가끔 외로움이 예고 없이 찾아오곤 한다. 인구 3만 대의 시골은 대부분 고령의 할머니, 할아버지들로 이루어져 있다.

말수는 자연스럽게 점점 줄어들고 시간이 흐를수록 세상과 동떨어진 느낌이 들었다. 적막함은 가끔 고립감을 불러일으킨다. 마음

맞는 사람들과의 연결이 점점 더 어려워지는 현실 속에서 대화와 소통을 갈망했다.

다행히도 SNS가 그 공백을 채워주는 역할을 한다. 사람들과 언제든지 마음을 나누고 소통할 수 있다는 점은 시골 생활의 고립감을 덜어준다.

온라인으로 사람들과 연결될 수 있다는 것은 오늘날 시골에서 살아가는 사람들에게 큰 변화다. 여전히 그리움과 외로움은 가끔 찾아오지만, 적어도 소통의 창구가 있다는 것에 위안을 얻는다.

소셜미디어는 내향적인 사람들이 마음 편히 소통할 수 있는 공간을 제공한다. 블로그와 유튜브를 통해 깊이 있는 콘텐츠를 공유하고 공감대를 형성하거나 인스타그램이나 스레드에서 간결한 사진과 메시지로 소통한다.

시골에서의 진솔한 일상들이 도시에서 빠르게 살아가는 사람들에게 위안과 영감을 줄 수 있다. 알고리즘을 통해 비슷한 취향을 가진 사람들과 연결되며 진정성을 바탕으로 지속적인 관계를 만들 수 있다.

얼마 전 귀촌 10주년을 기념하며 지난 시간 동안 해왔던 일들과 도전의 기록을 하나씩 스레드에 올렸다. 일상의 작은 순간들이 모여 3개월 만에 조회 수가 71만을 넘었다. 뜻밖에 많은 사람이 공감하고 관심을 둔 것이다.

고요하다 못해 적막하기까지 한 시골에서 홀로 지내다 보면 자신과 깊이 마주하게 된다. 그 속에서 때로 혼란스러운 감정이 밀려오고 누구와도 나눌 수 없는 복잡한 생각들이 떠오르기도 한다. 그럴 때마다 소셜미디어는 세상과 이어지는 창이 되어 자연스럽게 사람들과 소통할 수 있었다.

블로그에는 500편 이상의 일상을 담은 글을 써왔고 20만 명이 넘는 사람들이 찾아주었다. 시골살이의 현실적인 어려움과 그 속에서 느낀 감정 그리고 소소한 행복들을 솔직하게 담아내고 있다. 더 깊고 진솔한 이야기를 나누고 싶어 브런치에 글을 쓰고 있다. 지난 시간을 되돌아보며 글로 풀어낼 때마다 그 과정에서 치유되고 있다는 것을 느낀다.

유튜브 채널 〈유지의 치유〉도 운영하고 있다. 지금까지 21편의 영상을 공개했으며 조회 수는 22만 회를 넘었다. 스트레스가 많은 일상 속에서 내면의 치유를 찾고자 하는 사람들을 위해 숲과 바다를 배경으로 예술과 치유 콘텐츠를 주로 다룬다. 자연과 함께하는 느린 삶의 이야기를 전하고 있는데 시골 생활을 다룬 영상을 보고 여러 방송국에서 촬영 제안을 해오기도 했다.

혼자 있는 시간을 소중히 여기면서도 필요한 때에는 소통의 창구를 열어 비슷한 사람들과 연결될 수 있다. 그런 연결 속에서 다른 사람의 기대나 기준에 맞추려 하지 않고 자신만의 목소리로 소통하며 살아가는 것이다.

요즘 통화하는 것을 두려워하는 콜포비아가 늘어나고 있다. 전화는 직접적인 소통 방식 중 하나로 많은 사람이 부담과 불안을 느낀다. 이런 현상은 우리가 대면 소통에서 벗어나 다양한 디지털 플랫폼을 통해 점점 더 간접적인 소통을 선호하게 되는 이유와 연관 있다.

전화 통화나 대면을 부담스러워하는 것은 내향적인 성향의 사람들만의 문제가 아니다. 소셜미디어를 통한 간접적인 소통은 점점 더 많은 사람에게 편안한 방법이 되고 있다.

나는 스스로 은둔형 관종이라 부른다. 오프라인에서 사람들의 주목을 받는 것은 부담으로 다가오지만, 내 이야기가 누군가에게 닿아 공감과 위로를 전할 수 있다는 사실은 큰 기쁨을 준다. 다른 이들에게 힘이 될 수 있다면 그 자체로 의미 있는 일이 아닐까.

내향적인 사람들에게 필요한 것은 바로 자신을 믿고 그 방식대로 세상과 소통할 용기다.

혼자 다니는 사람들

혼자 보내는 시간이야말로
자신을 발견하고 내면과 소통할 기회가 된다

조용한 소비 같은 새로운 트렌드가 등장하면서 내향적인 사람들에게 더 나은 환경이 조성되고 있다. 더는 큰 목소리를 낼 필요 없이도 삶을 즐기며 진정성을 추구하는 사람들이 늘고 있음을 의미한다.

조용히 혼자 다니는 사람들이 많아지는 이유는 지나치게 빠르고 복잡한 소통 속에서 내면의 소리를 듣기 어려워졌기 때문이다. 혼자 있는 시간은 자신만의 생각을 정리하고 외부의 압박에서 벗어나 자신을 마주할 수 있다. 이로 인해 많은 사람이 자유롭고 평온한 경험을 찾고 있다.

혼자 있는 시간은 때때로 외로움이 찾아오기도 하고 과거의 기억이 불쑥 떠오르기도 한다. 자신을 비판하지 않고 부드러운 시선으로 바라보며 감정들을 조용히 맞이한다. 불안을 잠재우고 그 안에 숨겨진 작은 불씨를 발견한다. 이는 누군가와 함께할 때는 느낄 수 없는 자신과 나누는 친밀한 대화다.

빠르게 돌아가는 세상에서 고요함은 사치처럼 느껴지고 잠시 멈추는 것이 불안하기도 하다. 그러나 고요함 속에서만 발견할 수 있는 풍요로움이 있다. 멈춰서 관찰하고 소음을 차단하며 내면의 목소리를 들을 때 중요한 것들이 나타난다.

혼자 떠난 여행에서 예상치 못한 기쁨을 경험할 때가 있다. 길을 걷다 우연히 발견한 작은 카페에서 마시는 커피 한 잔의 여유, 우연히 마주친 현지인의 따뜻한 친절, 계획에 없던 길을 따라갔다가 만난 아름다운 풍경에 감탄하며 한참을 바라보며 서 있는 순간, 여행지에서 만나는 다양한 국적의 여행자들과의 대화, 그때 느낀 마음의 여유는 특별한 기쁨이다.

여행에서 마주한 잔잔한 일상과 생각들은 사진, 글, 영상으로 세상과 이어진다. 새벽녘에 찍은 쏟아질 듯한 사막의 별들, 햇살 가득한 사원의 아침 풍경, 길거리에 돌아다니는 소들.

최근 혼자서도 즐길 수 있는 공간이 점점 더 많이 생겨나고 있다. 이 공간들은 외부와의 소통에서 잠시 벗어나 고요한 시간을 보내고

자 하는 사람들에게 큰 인기를 끌고 있다. 특히 대화 1인 고객들이 주로 찾는 대화 금지 카페나 책을 읽는 북카페, 음악을 감상하는 청음바, 고요하게 머무르며 내면에 집중하는 웰니스 공간 같은 곳이 대표적인 예다.

이곳들은 기본적으로 고요한 분위기 속에서 혼자만의 시간을 온전히 즐길 수 있는 환경을 제공한다. 사람들의 소음이나 잡다한 대화에서 벗어나 생각에 잠기거나 책을 읽으며 조용히 시간을 낸다. 때로는 음악에 푹 빠져 하루의 피로를 씻어내는 경험을 선사한다. 이런 공간들은 자기만의 시간을 중요시하는 사람들에게 안락한 쉼터가 되어준다.

관계란 때로 침묵과 적당한 거리에서 더 깊고 의미 있는 연결을 이룬다. 누군가와 함께하는 순간에도 책을 읽거나 차를 마시며 굳이 많은 대화를 나누지 않아도 존재감을 온전히 느낄 수 있는 순간들이 있다.

명상 스테이 묵언 역시 그런 공간으로 외부의 소음과 자극에서 벗어나 내면의 고요를 경험할 수 있는 시간을 제공한다. 깊이 있는 대화를 나눌 수 있는 환경을 만들고 억지로 자신을 드러내야 한다는 부담을 덜어주는 것이 중요하다. 명상 프로그램을 통해 내성적인 분들과 함께하면서 느낀 점은 서로를 이해하려는 마음만으로도 충분히 강력한 유대감을 형성할 수 있다는 것이다. 굳이 많은 말을 하지 않아도 자신을 있는 그대로 받아들이고 존중해 주는 사람들과의 관계가 서로를 더 깊이 이해하게 한다.

자연 속에서 고요히 자신을 돌아보고 필요할 때만 천천히 마음을 나누는 시간이 주어진다. 차담은 사람들이 편안하게 자신의 이야기를 나눌 수 있도록 돕는다. 찻잔의 작은 온기가 대화를 열고 고요한 분위기 속에서 깊은 소통이 가능해진다.

사람들은 묵언의 시간을 가질 때 처음에는 어색함을 느낀다. 하지만 얼마 지나지 않아 편안한 이완 속에서 자신을 마주하고 사람들과 느슨하게 연결되는 경험을 하게 된다. 억지로 채우려는 대신 비워냄으로써 누구의 방해도 받지 않고 삶이라는 무대 위에서 가장 나다운 춤을 출 수 있는 순간을 맞이하는 것이다.

묵언에서 만나는 손님들 대부분은 내향적인 성향이다. 고요하고 깊은 대화를 선호하며 자신과 비슷한 성향의 사람들과 함께 있을 때 가장 편안함을 느낀다. 그런 이유로 비슷한 사람들끼리 만나면 한두 시간은 거뜬히 수다를 떨기도 한다. 조용한 사람들이 서로를 이해하고 비슷한 감성을 공유하며 마음의 쉼을 얻는 방법이다.

세상과의 연결을 잠시 멈추고 내면에 집중하는 시간은 우리가 불확실성과 혼란 속에서 자신을 발견할 중요한 기회가 된다.

때로 불안이나 두려움이 마음을 괴롭히기도 하지만 그 불안을 직면하는 과정에서 원하는 것이 무엇인지 명확히 알게 된다. 혼자 있는 시간은 고립된 상태가 아니라 자기 성찰과 성장을 위해 필요한 시간이다.

밤의 해변에서

—

시간은 모두에게 주어지지만
각자 자기만의 시간을 산다

밤바다를 걷는다. 그 길을 걸으며 느끼는 감정은 때로 고요함으로 다가오고 때로는 폭풍처럼 몰아치는 감정을 경험한다.

바다는 흐르는 시간을 닮았다. 그 앞에 서면 자꾸만 시간을 놓치고 있다는 느낌이 들곤 한다. 끝없이 펼쳐진 수평선은 멀게만 느껴지고 깊이를 알 수 없는 물결 속에서 삶의 미묘한 진리를 찾곤 한다.

누군가는 바다를 걸으면서 그 풍경들이 거꾸로 돌아가는 것처럼 느끼며 후회에 잠기기도 한다. 지나간 날들은 다시 돌아오지 않듯 마음을 무겁게 만들지만, 그 안에서도 앞으로 나아갈 힘을 찾는다.

파도가 부서지는 소리를 들으며 떠오르는 것은 놓치고 온 것들,

되돌릴 수 없는 순간들이다. 그때 했던 선택들, 지나쳐버린 기회들, 모든 것이 하나의 큰 미련처럼 밀려온다. 그럴 때면 자리에 멈춰 서서 숨을 고르고 자신을 탓하며 되돌릴 수 있을까 하는 생각에 사로잡힌다. 마음속에서는 그 한걸음에 담겨 있는 후회와 갈망이 어우러져 자꾸만 뒤를 돌아보게 한다.

바다가 보여주는 것은 시간을 되돌릴 마법이 아니다. 모든 것은 지나갔지만 그 순간에 머물 수 있는 여유를 가지라는 듯이 말없이 그저 그 자리에 있음을 알아차리게 해 준다.

다른 누군가는 바다를 걸으면서 걱정과 불안을 꺼내놓는다. 파도 소리조차 더 많은 생각을 일깨운다. 머릿속에서는 갈 길을 찾지 못한 의문들이 떠오르고 미지의 세계와 맞닿은 두려움이 이 순간만큼 크게 느껴질 때가 없을지도 모른다.

바다를 보며 가고 있는 방향이 맞는지, 자신이 지나온 길이 올바른 선택이었는지 끊임없이 고민하며 발걸음을 내디딘다. 불확실함 속에서 내일의 삶이 어떻게 펼쳐질지 알 수 없다는 듯이 두려움이 발밑을 무겁게 눌러온다. 그럴 때마다 끝이 보이지 않는 수평선을 따라가며 자신이 가는 방향이 맞는지 확인하려 든다.

물결은 멀리서 잔잔히 밀려오지만, 마음 깊은 곳까지 파고들며 그 안에 잠재된 불안과 두려움을 더욱 크게 느끼게 만든다. 그 속에서 자신이 놓친 것들과 앞으로 맞이할 수 있는 모든 불확실성을 떠올리며 발걸음을 계속해서 내딛는 것이다.

또 다른 누군가는 바다를 걷는 그 순간, 모든 것을 내려놓고 오직 그 자리에 존재하는 것만으로 충분하다고 느낀다. 물결이 발밑을 부드럽게 감싸고 바람이 얼굴을 스쳐 지나가며 마치 세상과 연결된 느낌을 준다. 그 길을 걸으며 복잡한 생각들은 점점 사라지고 지금, 이 순간만이 남는다.

그저 자연의 흐름에 몸을 맡기게 된다. 그 순간 바다와 하늘, 사람, 모든 것이 완벽하게 어우러져 세상 일부가 된 기분이다. 바다의 파도 소리가 마음을 맑게 하고 그 어떤 걱정이나 불안도 잠시 잊게 만든다. 이 순간이 지나면 다시 시간이 흐르겠지만 세상의 속도와는 상관없이 단지 이 순간에 머무르는 것만으로 충만한 기분을 느끼게 된다.

코끝을 스치는 바다 내음과 따뜻한 바람과 찬 바람이 섞여 간지럽히는 순간 모든 것이 자연스럽게 어우러진다. 파도 소리에 마음은 점차 이완되고 바람에 몸을 맡기면 고요함이 차분히 스며든다. 모든 것이 멈춘 것처럼 느껴지지만 그 안에서 자신을 되돌아본다.

하염없이 바다를 걷는다. 끝없이 펼쳐진 길 위에서 지나간 선택들이 아련하게 떠오르고, 그때의 결정들이 지금의 나를 어떻게 이끌었는지 되돌아보게 만든다. 불안 속에서 길을 찾으려 하기도 하고 어느 순간엔 멈추고 싶어진다. 바다는 아무 말 없이 모든 이의 감정을 품는다.

시간을 따라가며 마음과 마주한다. 자신도 모르게 마음속의 감정들이 하나씩 드러나고 모든 것은 순차적으로 흘러간다.

감정은 바다의 파도처럼 밀려오고 사라진다. 평온한 순간이 지나면 불안이 찾아오고 슬픔이 잠시 지나면 다시 기쁨이 밀려온다. 그 흐름 속에서 우리는 때로 자신을 찾기도 하고 잃기도 한다. 감정의 파도는 멈추지 않고 계속해서 반복된다. 그 안에서 무엇을 깨닫고 무엇을 놓치고 있는지 알게 된다. 삶은 결국 어떤 시기라도 결국 우리를 이끌고 나아간다.

바다에서 우리는 자신의 감정들을 마주하게 된다. 끊임없이 밀려오고 가는 감정 속에서 결국 알아차리는 것은 바로 지금, 이 순간이다.

조용히 변화를 만드는 사람들

진정한 변화는 진심이 담긴
행동에서 시작된다

조용한 사람들에 대한 관심이 한층 커지고 있다. 각자의 방식으로 세상과 소통하며 자신만의 길을 당당히 걸어가는 모습이 주목받는 것이다.

이들은 보이지 않는 깊은 곳으로부터 사회의 방향을 천천히 부드럽게 바꿔나가고 있다. 특히 비대면 소통 문화를 정착시키는 데 중요한 역할을 했다. 깊이 있는 질문을 통해 소통의 질을 높이고 창의적인 아이디어로 변화의 기틀을 다지는 중이다.

환경 보호를 실천하거나 심도 있는 콘텐츠로 사람들의 생각에 변화를 일으키는 일도 마찬가지다. 단순한 참여에 그치지 않고 지속 가능한 방식으로 세상에 긍정적인 영향을 미친다. 이러한 변화는 단번에 이뤄지지는 않지만 오래도록 이어나가게 된다.

예술과 문학을 통해서는 고요한 시간 속에서 얻은 통찰을 창작으로 풀어내며 타인에게 영감과 위로를 전한다. 예술가들은 말로 다 표현하기 어려운 감정이나 생각을 작품에 담아 사회에 메시지를 전하고 사람들의 마음을 흔든다. 예술은 감정의 흐름을 일으키고 새로운 관점을 제시하며 때로는 삶의 방향을 바꾸는 기회가 된다.

섬세한 공감 능력을 바탕으로 진정성 있는 관계를 형성하면서도 차분하고 단호하게 사람들의 마음을 움직인다. 이러한 연결은 커뮤니티와 사회 전반으로 확장되고 겉으로 드러나는 요란한 움직임보다 과정과 본질에 집중하여 차별화된 결과를 만든다.

과거에는 크고 강렬한 목소리와 존재감이 리더십의 상징이었다면 이제는 경청하고 섬세하게 조율하는 리더가 주목받고 있다. 감정적인 대응 대신 개인의 목소리를 존중하고 공동의 목표를 향해 사람들을 이끄는 것이다. 이 방식은 신뢰와 협력을 기반으로 장기적인 성과를 일구어내며 지속 가능한 변화를 가능하게 한다.

작은 행동과 선택들이 모여 큰 변화를 만든다. 타인을 배려하는 사려 깊은 태도, 자신이 맡은 분야에서 꾸준히 쌓아가는 성실함 등이 세상을 조금씩 바꾸는 원동력이 된다. 외부의 기준에 얽매이지 않고 자신의 길을 가는 것이 조용한 사람들의 힘이다.

12·3 내란 사태 당시 성숙한 시민의식이 발휘된 조용한 시위는 비폭력적 방식과 상징적인 응원봉 퍼포먼스로 국제적인 주목을 받았다. 이를 통해 민주주의의 가치를 전 세계에 알리며 시위의 조직력과 평화로운 진행 방식은 한국 시민사회의 높은 성숙도를 보여주는 사례로 남았다.

폭력적인 대립과 과격한 시위를 거부하고 차분하고 체계적인 방식으로 시위를 이끈 진정성 있는 노력은 더 강력하고 효과적이었다. 이 노력은 감정적 대응을 넘어 신뢰와 협력의 바탕 위에서 진행되었으며 사람들의 마음을 움직이고 변화의 물결을 일으키는 원동력이 되었다.

물리적으로 참여가 어려웠던 사람들은 선결제라는 새로운 시스템을 만들어 시위 현장의 시민들에게 따뜻한 차와 음식을 제공하며 연대의 마음을 전했다. 작은 실천이 많은 사람에게 감동을 주고 더 적극적인 참여 의지를 이끌었다.

침착한 행동이야말로 사회적 변화를 일으키는 중요한 힘임을 증명했으며, 단호하면서도 조화로운 대응이 큰 가치를 남겼다. 이러한 진정성 있는 실천은 변화의 흐름을 더욱 가속했고 각자가 작은 역할을 다함으로써 더 큰 연대감을 형성했다.

모든 사람은 각자의 방식으로 세상에 영향을 미칠 수 있다. 눈에 띄는 행동이나 큰 소리가 아니라도 일상 속 작은 실천들이 모여 거대한 변화를 일으킨다. 진정성은 깊은 울림을 남기며 세상에 긍정적인 변화를 가져온다. 작은 움직임에서 시작된 물결은 시간이 흐르면서 점차 퍼져 나갔다.

이런 변화는 함께 이루어낼 수 있다. 서로 나누는 모든 순간이 연결되어 공동체가 형성되고 강한 힘을 발휘한다. 각자의 삶 속에서 최선을 다해 살아가는 것이 변화를 만들어가는 첫걸음이다. 서로를 이해하고 지지하며 함께 나아갈 때 연대와 실천이 사회에 긍정적인 영향을 미치고 미래를 만드는 원동력이 될 수 있다.

우리는 과거의 길을 돌아보며 이제 새로운 길을 향해 나아갈 준비가 되어 있다. 예전처럼 빠르고 거대한 변화를 따라가기보다는 내면의 목소리에 귀 기울여 더 깊고 지속적인 변화를 만들어내려 한다. 변화는 거창한 일이 아니라 평범한 일상 속 작은 실천을 통해 이루어진다. 매일의 선택이 쌓여 어느새 우리는 이전과는 다른 길을 걷고 있음을 깨닫게 된다. 변화가 자연스럽게 우리 삶에 스며들도록 여유를 갖고 기다리는 것이다.

살아가는 방식 자체가 소중한 변화의 씨앗이 되어 세상은 조금씩 부드럽게 변해가고 있다. 지금 당장은 미미해 보일지라도 변화는 이미 내면에 자리 잡고 있으며 세상을 한층 부드럽고 풍요로운 방향으로 이끌 것이다.

변화를 만들어내는 힘은 진심과 용기에서 온다. 진정한 변화는 깊고 지속적인 성찰과 실천에서 비롯된다. 조급함을 버리고 한 걸음씩 나아가는 모두의 작은 발걸음들이 모여 세상을 바꾸는 힘이 된다.

출근은 사양합니다

집에서 일하는 삶은
현실이 되었다

한때 꿈꿔왔던 출퇴근 없는 삶이 현실이 되었다. 많은 인파 속에서 퀭한 눈으로 좀비처럼 출근하던 시절이 이제는 전생의 기억처럼 아득하다. 오롯이 나만의 취향으로 가득 채워진 이곳에서 삶은 한결 여유롭다. 과거의 분주한 일상에서는 미처 느끼지 못했던 소소한 행복들이 하나둘 쌓여가고 있다.

거실 창가의 커튼을 살며시 걷으면 우리 집 고양이 소금이가 달려와 뒹굴뒹굴하며 아침 햇볕을 쬔다. 정원의 나무들이 바람에 실려 춤을 추고 연못의 금붕어들은 물결을 가르며 평화롭게 헤엄친다. 문밖으로 나서면 마당의 객식구 고양이들이 쪼르르 다가와 다리에 얼굴을 비비고 옷에 털을 한가득 묻혀놓는다. 동물 식구들 밥을 챙겨주는 것으로 하루를 시작한다.

일과는 단순하다. 두 시간 단위로 총 네 시간을 집중해서 일하고 나머지는 온전히 자유로운 시간이다. 예전에는 회사에 매여 하루에 네 시간 잠을 자며 일했지만, 이제는 일하는 시간을 원하는 대로 설계할 수 있다.

오전에 숙소 손님들이 떠나면 청소부터 시작한다. 창문을 열어 환기하고 침구 덮개를 벗겨 세탁한 뒤 바닥과 매트리스 틈새까지 꼼꼼히 청소기로 밀고 물걸레질로 마무리한다. 소품에 쌓인 먼지도 하나하나 닦다 보면 어느새 두 시간이 훌쩍 지나간다.

청소를 마치면 늦은 점심을 챙겨 먹는다. 갓 지은 밥 위에 정원에서 키운 로즈메리를 곁들여 구운 고등어를 살포시 올린다. 건강하고 소박한 한 끼를 천천히 음미하는 시간이다. 시끄러운 식당에서 서둘러 먹던 조미료 가득한 음식은 늘 속을 불편하게 만들었다. 그러나 혼자 조용하고 느긋하게 식사할 때는 아무것도 하지 않고 오직 밥을 먹는 데 집중할 수 있다.

식사를 마치면 정원에 나가 식물을 돌본다. 홍가시나무와 편백으로 둘러싸인 공간은 편안함을 준다. 꽃이 만개한 정원을 마주하면 잔잔한 감동이 밀려온다. 매일 조금씩 달라지는 자연은 결코 지루할

틈을 주지 않는다.

　가끔은 해먹에 누워 여유를 즐기거나 작은 오두막에서 책을 읽으며 시간을 보내거나, 작은 풀장에 발을 담그고 만개한 장미 꽃잎을 물 위에 띄운 채 가만히 바라보곤 한다. 이런 순간들이 평범한 하루를 특별하게 만들어 준다.

　폭신한 쿠션 위에서 나른하게 잠든 고양이를 바라보면 시간이 멈춘 듯한 기분이 든다. 거실 벽에는 CD 플레이어와 여행 사진, 그리고 친구들에게 받은 응원 편지들이 함께 걸려 있어 아늑한 분위기를 더하며 공간에 따뜻한 감정을 불어넣는다.

　서울에 있을 때는 쉬는 날마다 교외로 나가 자연을 즐겼지만, 집 안에 나무들과 작은 연못을 만들어 놓으니 저절로 집순이가 되었다.

　가장 좋아하는 시간은 조용히 차를 마시는 시간이다. 차나무를 직접 보기 전까지는 녹차 나무와 홍차 나무가 따로 있는 줄 알았다. 보성에 살면서 다원을 운영하는 선생님들이 내어주는 차를 마시며 차 맛에 눈을 떴다. 명상의 시작과 끝에는 산에서 내려오는 맑은 물로 무쇠 주전자에 팔팔 끓여 주지 스님께서 내어주시는 보이차를 마시며 차를 배웠다. 도반들과 함께 느긋하게 차를 마시던 시간이 참 좋았다.

　저녁에는 숙소 손님들을 위한 명상 수업이 진행된다. 오후 5시쯤

일찍 간단한 저녁을 먹고 속을 편하게 한다. 차담과 명상을 마친 뒤에는 다시 자유로운 시간이 찾아온다. 밤이 되면 은은한 조명 아래에서 짧게 요가를 하고 글을 쓰거나 SNS에 콘텐츠를 올린다.

손님들은 내 모습을 보며 말하곤 했다.

"이렇게 사는 방법이 있는 줄 몰랐어요."

이런 삶을 시작하는 방법은 사실 그리 어렵지 않다. 처음에는 작은 변화부터 시도해도 충분하다. 예컨대 바쁜 일상 속에서 하루 30분 만이라도 온전히 자신을 위한 시간을 만들어보는 게 첫걸음이다.

좋아하는 취미를 일상에 조금씩 더해 가는 것으로도 마음에 여유가 생긴다. 집을 더 아늑하게 꾸미는 것도 좋은 방법이다. 작은 화분을 들여 자연의 생동감을 느끼거나 자신만의 공간에 좋아하는 책과 음악 등 좋아하는 것으로 채워보자.

내향적인 사람에게 개인적인 공간은 무엇보다 소중하다. 직장생활을 할 때는 반복되는 회의와 복잡한 인간관계로 에너지가 많이 소모됐었지만, 지금은 사람들과 떨어져 혼자 있는 시간을 마음껏 누릴 수 있다.

가끔은 일상을 벗어나 작은 여행을 떠난다. 가까운 숲이나 바다를 찾아 자연의 소리를 따라가다 보면 마음의 소음이 가라앉는다. 그때 비로소 살아있음을 또렷하게 느끼고 이 시간이 가져다주는 변화를 한층 선명하게 만들어 준다.
 이렇게 조금씩 여유를 찾아가다 보니 언제나 무언가에 쫓기듯 살던 과거에서 벗어나 먼저 자신을 돌보게 되었다. 이제는 이곳에서 무엇을 추구하고 무엇을 아끼는지 분명히 알 수 있다.

세상과 연결되기

진정성 있는 소통이
세상과 연결되는 시작점이다

우리가 겪은 경험들은 처음엔 연결되지 않아 보일지라도 시간이 지나 뒤돌아보면 하나의 큰 그림을 이루는 과정이 된다. 내면의 진정성과 작은 실천들이 맞물려 큰 변화를 만들어내며, 그 연결은 시간이 지나면서 더욱 확장된다.

우리는 일상 속에서 이루어지는 수많은 선택과 도전이 어떻게 서로 맞물려 우리 삶에 영향을 미치는지 제대로 알지 못하고 살아간다.

시간이 흐른 뒤에야 각각의 순간들이 서서히 이어져 큰 변화를 일으킨다는 사실을 알아차리게 된다. 지나온 길이 어떻게 연결되고 그것이 나와 세상에 어떤 영향을 미쳤는지 돌아보는 순간 변화의 의미가 한층 선명해진다.

　진중하게 내린 선택들이 단지 이상적이거나 관념적인 이야기가 아니라 실제로 더 나은 방향으로 이끄는 힘이 될 수 있다.

　이처럼 작은 도전들이 모여 큰 변화를 만든다. 그 과정에서 세상과 따뜻하게 연결되며 깊이 있는 소통을 하는 것 자체로 의미 있는 통찰을 얻는다.

　처음에는 그 변화가 눈에 잘 띄지 않더라도 일상의 사소한 노력이 축적되면서 큰 전환점을 만들어낸다. 우리가 걸어가는 길이 때로는 미약하게 느껴질 수 있어도 그 안에서 자신을 이해하고 세상과의 관계를 새롭게 구축하는 방법을 배울 것이다.

　세상과 소통하는 방법은 결국 내 안에서 시작된다. 자신을 얼마나 잘 이해하느냐에 따라 더 깊고 의미 있게 다가온다. 진심에서 우러나오는 소통은 관계를 새롭게 변화시키고 그 결실은 점차 사회 전반에 긍정적인 영향을 미친다.

　우리가 가진 가치관을 세상에 어떻게 전달하느냐가 결국 깊은 연결을 만들어낸다. 일상에서 마주하는 작은 도전들이 하나씩 이어지며 그 경험들은 관계를 변화시키는 중요한 원동력이 된다.

　진정한 소통은 얼마나 진실하고 바르게 연결되는지에 달려 있다. 효과적인 소통은 갈등을 줄이고 서로 다른 관점을 존중하는 기반을 만든다. 일상 속 투명한 대화와 소통이 쌓이면 사람들 간의 관계는 점점 더 탄탄해지고 공동의 목표를 향해 나아가는 힘이 된다. 이렇게 변화는 점진적으로 실현되며 지속적인 성과를 끌어낸다.

마음을 다한 작은 행동은 예기치 않은 순간에 세상과 연결될 기회를 만든다. 꾸준한 노력과 친절이 일상 속에서 쌓여 사람들 간의 신뢰를 높이고 협력과 긍정적인 변화를 만든다.

변화는 거창한 일이 아니다. 바쁜 일상 속에서도 잠깐이라도 멈추고 주변을 돌아보거나 상대방의 의견에 귀를 기울일 줄 아는 마음의 여유가 관계를 깊어지게 할 수 있다.

이런 작은 행동들이 쌓여 서로를 더 잘 이해하게 되고 관계는 더 의미 있게 발전한다. 서로의 차이를 존중하고 타인의 감정과 생각을 진심으로 받아들이는 법을 배우게 되는 것이다.

그러니 한 걸음씩 천천히 나아가며 길 위에서 마주하는 모든 순간을 소중히 여기길 바란다. 서두르지 말고 느끼고 배운 것들을 그대로 받아들이자.

이제 우리는 작은 행동 하나가 세상과 이어지는 수많은 점 중 하나라는 것을 알게 되었다. 눈에 띄지 않더라도 일상 속에서 꾸준히 이어가는 노력은 결국 서로 연결되어 더 나은 방향으로 흐름을 만들어낸다. 자신을 진심으로 돌아보고 주변과 진정성 있게 소통할 때 변화는 서서히 퍼져 나가며 새로운 가능성을 열어준다.

돌아보면 이야기는 거창하지 않다. 가만히 마음을 살피고 작은 친절과 사려 깊은 태도로 관계를 이어나가는 데서 시작된다.

이미 많은 변화의 순간을 겪었다. 이제 우리는 그 변화의 주체가 되어 세상의 방향을 바꾸는 힘을 가진 존재다. 바쁘고 소란스러운 세상 속에서도 내면의 평화를 지키며 한 걸음씩 나아가는 일의 소중함을 잊지 않았으면 한다.

진정성은 행동과 선택을 통해 세상에 실질적인 변화를 일으킨다. 우리가 진심으로 만들어가는 길은 결국 다른 이들에게도 영향을 미치며 함께 더 나은 내일을 만들어갈 힘이 된다. 가장 고요한 순간 내면에서 비롯된 진정성은 선한 방향으로 향한다.

에필로그

그냥 하는 사람

　이 책을 덮고 나면 '나도 이렇게 도전해야 하지 않을까?' 하는 생각이 들 수도 있다. 하지만 열심히 살라거나 이렇게 해야 한다고 말하는 것이 아니다. 인연이 닿아 마음에 남는 말이 있다면 간직해도 좋고 또 스쳐진다면 그렇게 지나가도 좋다.

　당장 하고 싶은 일이 없거나 무엇을 해야 할지 몰라도 괜찮다. 내향적인 사람도 자기만의 속도와 방식으로 삶을 이끌어갈 수 있다는 것을 전하고 싶었다. 아직 회복이 필요한 사람도, 사회로 나가기 두려운 사람도 있을 것이다.

　나는 성공하거나 고난을 극복한 사람이 아니라 그냥 하는 사람이다. 난치병을 회복하는 동안 2년을 집에서 보낸 적이 있다. 앉아 있는 것조차 힘들어 침대에 누워서 지내며 막막함을 느꼈지만 가고자 하는 방향이 있었기에 길을 만들어갈 수 있었다.

늘 마음에 새기는 말이 있다. '여래여거' 여여히 왔다 여여히 간다는 뜻으로 삶에 좋은 일이 오든, 싫은 일이 오든, 좋은 일이 떠나든, 싫은 일이 떠나든 그저 구름이 생기고 사라지는 것처럼 자연스럽게 인연 따라서 오고 가도록 이를 분별없는 마음으로 온전히 받아들이는 지혜를 의미한다.

우리 모두 어려운 시기를 지나가고 있다. 그럼에도 삶을, 사람을 사랑했으면 좋겠다. 혹독한 겨울을 지나 따뜻한 봄을 맞이하듯 모든 계절은 지나가고 새로운 계절이 찾아올 것이다. 지금 어느 계절에 머무르든 부디 자신을 믿고 나아갔으면 한다.

당신이 걸어온 모든 길은 충분했다.